大川隆法
Ryuho Okawa

UFOリーディング
救世主を護る宇宙存在
ヤイドロンとの対話

まえがき

宇宙存在と対話できる地球存在があるとすれば、私は一番可能性の高い一人であろう。

この秋には、アニメ映画『宇宙の法―エローヒム編―』が公開される予定である。一般に、アニメ映画はフィクションが多いと思う。ただ私たちの創《つく》る『宇宙の法』は、ノンフィクションが数多く盛り込まれている。

本書も、そういうエビデンス（証拠）の一つである。

学校教育でも、テレビ・新聞のニュースでも、ＵＦＯが取り上げられることは、ほぼない。しかし報道されていないということは、存在していないことと同義ではない。

聖書に出てくる、キリスト生誕《せいたん》時に、馬小屋の上でとどまっていた星とは何か。モーセの出《しゅつ》エジプトを導いた炎の柱とは何であったか。そして私が現在、大講演会をする時、アリーナ上空に現れる何百機もの未確認飛行物体とは何者なのか。本書が答えの一つである。

二〇二一年　四月二十七日

幸福《こうふく》の科学《かがく》グループ創始者兼総裁《そうししゃけんそうさい》

大川隆法《おおかわりゅうほう》

UFOリーディング　救世主を護る宇宙存在ヤイドロンとの対話　目次

まえがき　1

第1章　創世期の神を助ける宇宙存在
――UFOリーディング5――

二〇一八年九月二十四日　収録
幸福の科学　特別説法堂《せっぽうどう》にて

1　エルダー星の転生輪廻《てんしょうりんね》の秘密　23
エルダー星での男女の外見やUFOの形について　23
エルダー星人と地球とのかかわりについて　34
「UFO内での生活」について訊《き》く　39

2　創世期の神を助けてきたヤイドロン　49

第2章　エルダー星の「アニマ経済」と「転生輪廻」の秘密

――UFOリーディング14――

二〇一八年十月二十一日　収録

幸福の科学 特別説法堂にて

1　エルダー星のアニマの経済　60
エルダー星での経済の仕組みについて訊く　60

宇宙から地球に生まれ変わるときに使われる〝貯金〟とは　64

2　宇宙的規模から地球を指導する　73

ヤイドロンと交流するための資格とは　73
ネットや携帯《けいたい》電話など情報通信に対するヤイドロンの見解　80
地球の文明の興亡にもかかわってきた守護神　86

第3章　救世主の登場が地球的に知られるようになる

――ＵＦＯリーディング16――

二〇一八年十月三十一日　収録
幸福の科学　特別説法堂にて

1　「地球神」という強力なメッセージを知らしめよ　92
点滅《てんめつ》するオレンジ色の物体を発見する　92
ここ数年の世界の動きについての予告　100
天変地異を自由に司《つかさど》る「宇宙から来たプロテクター」とは　105

2　エルダー星の魔法《まほう》の力と進化の神　108

ヤイドロンの母船の大きさはどのくらいか 108
エルダー星の女性は化粧《けしょう》をする？ 113
エルダー星にある「魔法」とは 116
エルダー星とエル・カンターレのかかわりについて 119

第4章 メシア星の役割とエルダー星の神の使命

――ＵＦＯリーディング17――

二〇一八年十一月十一日 収録
幸福の科学 特別説法堂にて

1 「宇宙の魔法」の源《みなもと》とは 135

ヤイドロンが使う「宇宙の魔法」とは 135
ヤイドロンが自由自在に使えるエネルギーについて 141

2 **エルダー星の神の使命について** 146
エルダー星の神とガイアの魂《たましい》との関係 146
「メシアを持つ星」を護《まも》らなければならない理由 150
ミトラ教の信仰《しんこう》のもとになった女神《めがみ》 159

第5章　地球規模で起きている「闇宇宙《やみ》」との戦い

――UFOリーディング18――

二〇一八年十一月十五日　収録
幸福の科学 特別説法堂にて

唯物的《ゆいぶつ》な宗教や政治とつながりを持っている「闇宇宙」について　169
宇宙を網羅《もうら》している闇の世界が存在する？　173
「毛沢東《もうたくとう》の霊言《れいげん》」ではっきりしたこととは　177

第6章　「信仰の継承《けいしょう》」と「奇跡《きせき》の予言」

――ＵＦＯリーディング22――

二〇一八年十二月十三日　収録
幸福の科学　特別説法堂にて

1　ヤイドロンの名前の意味とは　186

上空に現れた十機以上のＵＦＯフリート　186

「主の一番槍《やり》」と語るヤイドロンと護衛編隊の様子　193

ヤイドロンと惑星《わくせい》連合の関係について　198

2　ヤイドロンが語るエル・カンターレの真実　202

信仰をもっと強くしなければならないのはなぜか　202
エル・カンターレとは何かを明らかにするために必要なものとは？　207
二〇一九年につなげるために大事にすべきことを語る　213

第7章　全体主義を粉砕《ふんさい》する戦い

――ＵＦＯリーディング26――

二〇一八年十二月二十八日　収録
幸福の科学　特別説法堂にて

1　闇宇宙とつながりのある全体主義国家との戦い　218
沖縄《おきなわ》方面へ視察に行っていた理由　218

毛沢東や習近平《しゅうきんぺい》と闇宇宙とのつながりについて　221
大川隆法総裁にとってのライフワークに近いこととは何か　226
日本の民主党政権に対して幸福の科学が取った対応とは　229

2　チームを組んで地球を護る惑星連合　233

ヤイドロンのチーム編成と中継基地について　233
惑星連合が共有する母船はどこにある?　238
中国の指導層にインスピレーションを送る宇宙人バズーカの考え方　241
今、ヤイドロンが関心を持っている地域はどこ?　245

第8章　映画「宇宙の法」をきっかけに始まる宇宙時代

——UFOリーディング32——

二〇一九年一月二十三日　収録
幸福の科学　特別説法堂にて

映画「宇宙の法——黎明《れいめい》編——」のアメリカでの評価に関する見解　252
地上人に気づかれなくとも、地球の今を見守っている存在とは　260
映画ができることを機縁《きえん》にして入った新しい局面について　271
長い時間、「人類の守護者」をしている〝ガーディアンズ〟　276

あとがき　278

＊編集注

二〇一八年七月四日に、さいたまスーパーアリーナで、大川隆法総裁が御生誕《ごせいたん》祭法話《さいほうわ》「宇宙時代の幕開け」を説いて以降、数多くのＵＦＯが大川隆法総裁のもとを訪《おとず》れるようになり、「ＵＦＯリーディング」が収録されています（二〇二一年四月二十七日現在、「ＵＦＯリーディング61」まで収録）。

本書は、そのうち、二〇一八年九月二十四日から二〇一九年一月二十三日までに収録された「ヤイドロンのＵＦＯリーディング」のうち、ヤイドロンの役割や使命に触《ふ》れられているものを中心にとりまとめたものです。いずれも大川隆法総裁がＵＦＯを発見し、その場でリーディングが行われています。

なお、本書に収録されているもの以外にも、ヤイドロンについては、二〇二一年二月までに多数のＵＦＯリーディングや霊言《れいげん》が収録されているほか、ＵＦＯ写真をリーディングした結果、ヤイドロンのＵＦＯと判明するものも多数存在します。それらの概要《がいよう》は次ページ以降の表をご参照ください。

ヤイドロンに関連する霊言・リーディング一覧（二〇一八年八月～二〇二一年二月）

収録日・撮影日	タイトル	書籍名
2018年8月4日	ＵＦＯ写真	『ＵＦＯリーディングⅠ』／『「ＵＦＯリーディング」写真集』
8月19日	ＵＦＯリーディング	『ＵＦＯリーディングⅠ』／『「ＵＦＯリーディング」写真集』
9月3日	ＵＦＯ写真	『「ＵＦＯリーディング」写真集』
9月19日	ヤイドロンの霊言	（幸福の科学の精舎・支部・拠点で公開） ※
9月24日	ＵＦＯリーディング5	★本書第1章／『「ＵＦＯリーディング」写真集』
10月5日	ＵＦＯリーディング9	『「ＵＦＯリーディング」写真集2』
10月21日	ＵＦＯリーディング14	★本書第2章／『「ＵＦＯリーディング」写真集2』
10月31日	ＵＦＯリーディング16	★本書第3章／『「ＵＦＯリーディング」写真集2』
11月7日	ヤイドロンの霊言	（幸福の科学の精舎・支部・拠点で公開） ※
11月11日	ＵＦＯリーディング17	★本書第4章／『「ＵＦＯリーディング」写真集2』
11月15日	ＵＦＯリーディング18	★本書第5章／『「ＵＦＯリーディング」写真集2』
12月3日	ＵＦＯリーディング21	『「ＵＦＯリーディング」写真集2』

12月3日	UFO写真（UFOフリート）	『「UFOリーディング」写真集2』
12月8日	UFO写真（UFOフリート）	『「UFOリーディング」写真集2』
12月13日	UFOリーディング22	★本書第6章／『「UFOリーディング」写真集2』
12月15日	UFOリーディング23	『「UFOリーディング」写真集2』
12月28日	UFOリーディング26	★本書第7章／『「UFOリーディング」写真集2』
2019年1月23日	UFOリーディング32	★本書第8章／『「UFOリーディング」写真集2』
2月11日	毛沢東／ヤイドロンの霊言	『中国 虚像の大国』第3章
3月8日	UFOリーディング34	『「UFOリーディング」写真集2』
5月2日	UFOリーディング38	『「UFOリーディング」写真集2』
5月14日	UFO写真	※
7月24日	UFO写真	※
10月4日	UFO写真	※
10月4日	ヤイドロンの霊言	『メタトロン・ヤイドロンの霊言』第2章
10月7日	UFO写真	※
11月23日	UFO写真	※

※今後のUFOリーディング、写真集等で発刊予定。

収録日・撮影日	タイトル	書籍名
２０１９年11月24日	ＵＦＯ写真	※
12月7日	ヤイドロンの霊言・主を護る者の心掛け	『イエス　ヤイドロン　トス神の霊言』第2章
12月17日	ＵＦＯ写真	※
２０２０年1月9日	ＵＦＯリーディング44	『ＵＦＯリーディング　地球の近未来を語る』第2節
2月5日	文在寅守護霊／ヤイドロンの霊言	『中国発・新型コロナウィルス感染 霊査』第二部 第3章
3月13日	文春社長守護霊とヤイドロンの霊言	『「文春」の報道倫理を問う』第3章
4月4日	ＵＦＯリーディング48	『ＵＦＯリーディング　地球の近未来を語る』第4節
4月5日	ＵＦＯリーディング49	『ＵＦＯリーディング　地球の近未来を語る』第5節
4月14日	ＵＦＯリーディング50	『釈尊の未来予言』第3章
4月20日	ＵＦＯリーディング51	『ＵＦＯリーディング　地球の近未来を語る』第7節
6月12日	ヤイドロンの霊言	『魔法と呪術の可能性とは何か』第2章
7月2日	ＵＦＯ写真	※
7月5日	ＵＦＯ写真	※
8月10日	ＵＦＯ写真	※

8月14日	UFO写真	※
8月18日	UFO写真	※
8月21日	祐天上人／ヤイドロンの霊言	（幸福の科学の精舎・支部・拠点で公開）
8月23日	ウィズ・セイビア（救世主とともに）——宇宙存在ヤイドロンのメッセージ	『ウィズ・セイビア　救世主とともに』第1章
8月24日	ヤイドロンの霊言	『ウィズ・セイビア　救世主とともに』第2章
9月3日	UFOリーディング56	『UFOリーディング　地球の近未来を語る』第10節
9月28日	UFOリーディング57	（幸福の科学の精舎・支部・拠点で公開）※
10月3日	UFO写真	※
11月11日	UFOリーディング59	（幸福の科学の精舎・支部・拠点で公開）※
11月29日	ヤイドロンの霊言	（幸福の科学の精舎・支部・拠点で公開）※
12月8日	UFO写真	※
12月27日	ヤイドロンの本心	『ヤイドロンの本心』
2021年1月29日	バイデン守護霊／ヤイドロンの霊言	（幸福の科学の精舎・支部・拠点で公開）
2月3日	UFO写真	※

※今後のUFOリーディング、写真集等で発刊予定。

古来、釈迦《しゃか》のように悟《さと》りを開いた人には、人知を超《こ》えた六種の自由自在の能力「六神通《ろくじんずう》」（神足通《じんそくつう》・天眼通《てんげんつう》・天耳通《てんにつう》・他心通《たしんつう》・宿命通《しゅくみょうつう》・漏尽通《ろじんつう》）が備わっているとされる。それは、時空間の壁《かべ》を超え、三世《さんぜ》を自在に見通す最高度の霊的《れいてき》能力である。著者は、六神通を自在に駆使《くし》した、さまざまなリーディングが可能。

本書に収録されたリーディングにおいては、霊言《れいげん》や霊視《れいし》、「タイムスリップ・リーディング（対象者の過去や未来の状況《じょうきょう》を透視《とうし》する）」「リモート・ビューイング（遠隔《えんかく》透視。特定の場所に霊体《れいたい》の一部を飛ばし、その場の状況を視《み》る）」「マインド・リーディング（遠隔地の者も含《ふく》め、対象者の思考や思念《しねん》を読み取る）」「ミューチュアル・カンバセーション（通常は話ができないような、さまざまな存在の思いをも代弁して会話する）」等の能力を使用している。

［質問者はAと表記］

第1章　創世期の神を助ける宇宙存在

――UFOリーディング5――

二〇一八年九月二十四日　収録

幸福の科学　特別説法堂《せっぽうどう》にて

ヤイドロン

マゼラン銀河・エルダー星の宇宙人。地球霊界《れいかい》における高次元霊的な力を持ち、「正義の神」に相当する。エルダー星では、最高級の裁判官 兼《けん》 政治家のような仕事をしており、正義と裁きの側面を司《つかさど》っている。かつて、メシア養成星《せい》でエル・カンターレの教えを受けたことがあり、現在、大川隆法として下生《げしょう》しているエル・カンターレの外護《げご》的役割を担《にな》う。また、肉体と霊体《れいたい》を超越《ちょうえつ》した無限の寿命《じゅみょう》を持つ。

1　エルダー星の転生輪廻《てんしょうりんね》の秘密

エルダー星での男女の外見やＵＦＯの形について

質問者Ａ　（ＵＦＯをカメラで）いちおう一個、捉《とら》えました。

大川隆法　（肉眼では）見えないけれどもね。いますか。

質問者Ａ　はい、ここに。

大川隆法　下のほう？　どれ？

質問者Ａ　あの、ここに……。ああ、そちらから見えな

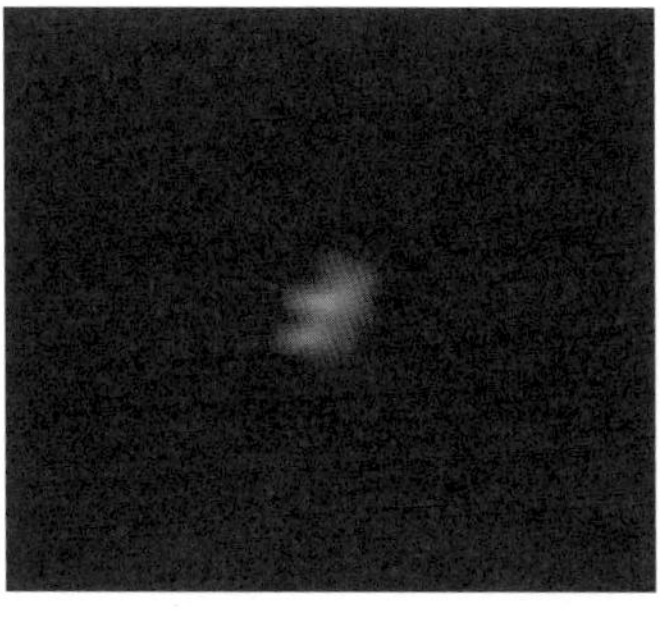

2018年９月24日、東京都上空に現れたUFOの画像。

いですか。（カメラを）ちょっと動かします。ほら、ここ。分かりますか？　ここです。

大川隆法　すごく小さいんじゃない？

まあ、雲は、もうすぐ通り過ぎますよ。もうちょっとで通り過ぎますね。

質問者Ａ　ユラユラしているような気もしますけれども。

大川隆法　うーん。来るとしたら、ヤイドロンさんが来る可能性はあります。

質問者Ａ　もうちょっとだけ……、はい、オッケーです。

これ、これ、これです。見えますか？　ここです。ほら、ありました。

大川隆法　ああ、すごく小さいんじゃない？

雲が、もうちょっとしたら、あと何分かで通り過ぎると思います。そうしたら、出てくると思います。

（ＵＦＯに）雲から降りてきなさいよ、下まで。雲から下まで降りてらっしゃい♪　雲から下まで降〜り〜ていらっしゃい♪　今日は月見に来たのだよ〜♪　お月様は……。

もうすぐ、でも、雲が通り過ぎると思います。

質問者Ａ　動いていますよ、やっぱり。

大川隆法　どこに映っていますか。

質問者Ａ　はい、ちょっと下に行ってます。

大川隆法　ああ、映ってる、映ってる！　これは映っているね。

質問者Ａ　これですね。

大川隆法　なんで映るんだろう？　肉眼では見えないけれども。

質問者Ａ　きっと、光がそうとう強いんですよ。

大川隆法　隠《かく》れているようだけれども。一部、隠れているけれども、雲の真ん中よりは下にいるということかな。

雲の向こう側にいたら映るわけないですからね。

質問者Ａ　（カメラを）固定していますけれども、ちょっと動かしました。これでちょっと今……、固定しました。

大川隆法　ああ、出てきた！　これじゃない？

質問者Ａ　それです。

大川隆法　はっきり出てきた。うん。これで、動いているかどうか……。

質問者Ａ　さっき動いていました。

大川隆法　雲が切れたからね。これではっきり分かる。

質問者Ａ　動いていますよね、これ。下に下がってきていますもの。

大川隆法　本当だ。

質問者Ａ　下がっています。動いています。

大川隆法　はっきり見えているから、今だったら話ができるかな。（ＵＦＯに向かって）どちら様ですか。今、見えている方は、どちら様ですか。一つだけ来ていらっしゃるけど、ＵＦＯさんと思ってよろしいんでしょうか。何か言いたいことがあって来られましたか。どうでしょうか。

（約十秒間の沈黙《ちんもく》）

やっぱり、「ヤイドロン」と言っているように聞こえますね。

質問者Ａ　ヤイドロンさんですか？

大川隆法　ヤイドロンのように聞こえるので……。ヤイドロンさんですか。

質問者Ａ　ありがとうございます。

大川隆法　Are《アー》 you《ユー》 Yaidron《ヤイドロン》?

……「Yes《イエス》, I《アイ》 am《アム》.」と。

質問者Ａ　ああ。では、ヤイドロンさんのＵＦＯですね。

とっても感謝しています。

ヤイドロン　何か訊《き》きたいことはありますか。

質問者Ａ　この前、ヤイドロンさんが登場してくださったときに（『ＵＦＯリーディングⅠ』参照）、訊いていない質問を何か訊こうと思います。

『ＵＦＯリーディングⅠ』
（幸福の科学出版刊）

ヤイドロン　ああ、はいはい。どうぞ。お願いします。

質問者Ａ　エルダー星ですよね、ご出身は。男性と女性で、外見は変わりますか。

ヤイドロン　ああ、微妙《びみょう》なところが変わっていますね。

質問者Ａ　微妙なところが？

ヤイドロン　別にズボンとスカートっていうふうに分かれているわけではないけれども、やっぱり、女性のほうがよりアトラクティブ（魅力的《みりょくてき》）であることは間違《まちが》いなく、そうした、飾《かざ》りとか色物とかを好む傾向《けいこう》はあります。

質問者Ａ　ヤイドロンさんのＵＦＯはどんな形をしていますか。あっ、この間はサザンクロス型だったかな。

ヤイドロン　今日はですね、この前とはちょっと違うのに乗っているんですよ。今日、乗っているやつはですねえ、そろばんの珠《たま》みたいなものを三つ、縦にくっつけたような形をしているんです。

質問者Ａ　串刺《くしざ》しのみたらし団子の形が、ちょっと菱形《ひしがた》っぽくなった感じですか。

ヤイドロン　ああ、そうそう、そうそう。そんな感じなんです。

質問者Ａ　ヤイドロンさんのお仲間たちは、平均どのくらい生きられますか。

ヤイドロン　うーん、まあ、地球年齢《ねんれい》に置き換《か》えると、どうでしょう。いや、でも、下手《へた》したら、下手したらですよ？　地球人的感覚で言えば、下手すれば、「万」……、「万」まで行く可能性がありますね。

質問者A　ええーっ！　「万年」、生きられるんですか？

ヤイドロン　うん。だって、違う時代に出てこられるから。

質問者A　あっ、そうか。

ヤイドロン　私たち、地球年齢で考えると、一万年前の文明にでも出られるんですよ。今の時代も出られるけれども、違う時代も出られるので、「万」以上行っているかもしれません。今でも行けるんです。だから、年齢的に見れば、もう年齢不詳《ふしょう》なんですけどね。

地球的には一万歳《さい》を超《こ》えているかもしれません。

だって、過去の文明？　今、エル・カンターレの転生《てんしょう》として、少なくとも現代文明に記録が伝わっている時代は、私、全部、〝出没《しゅつぼつ》経験〟があるので。でも、私はその間、死んでいないので。だから、年齢で言えば、もしかしたら「三万歳」とか。

質問者Ａ　すごくないですか。

ヤイドロン　だって、時間が一緒《いっしょ》じゃないんですよ。いったん宇宙空間に出て、母星のほうの、ほかの基地とかに泊《と》まって、また出てくるときに、場所と時間をセットするんですね。そして、そこから、パッと、〝穴〟から出てくるんですよ、タイムワープして。

そうすると「タイムトラベル」と「宇宙旅行」を同時にやっているので、年齢といったら、私たちも分からない。

でも、地球人の文明の流れを追うためには、そのくらいでないと追えないんですよね。

エルダー星人と地球とのかかわりについて

ヤイドロン　そういう意味で見れば、まあ、「神」と言えば「神」に当たるので。地球人が長く認識していた「神」には相当するんです。地球の通史を知ってはいるし、見ていたし、必要なときには介入《かいにゅう》する。

宇宙には、あなたがたの地球感覚では時系列で時間が流れているけれども、私たちは、必要なところに出てくる感じの時間感覚なんで、一緒じゃないんですよね。「こちらの都合《つごう》で出ているから」という感じかな。

あなたがたが、映画を早送りしたり、戻《もど》したり、スポットを狙《ねら》って出したりしているような感じで、「地球の歴史」に出られるんですよね。

だから、未来のことだって、もし知りたければ教えることはできますよ。未来の映像は、もうすでにあるんです。

だけど、あなたがたにとってはこれから体験することで、自分の自由意志で変えている未来だと思っているはずで、まあ、それもそうなんですけど。

ただ、まあ、うーん、本当だね、パラレルワールドみたいですねえ。

質問者Ａ　「ドラえもん」みたい。パラレルワールドですね。

ヤイドロン　変えられるんですよね。こういう接触《せっしょく》とか、いろんなもので変えられるんです。

質問者Ａ　エルダー星には、転生輪廻《てんしょうりんね》はありますか。

ヤイドロン　エルダー星に転生輪廻……。

うーん……、まあ、ここはちょっと、すごーい〝秘密の部分〟になるんですけれども、エルダー星で創られた生命も、実は、そうとう古いんで。

なかには、そういう短い転生輪廻をする……、まあ、星によるんですよ。その星によっては転生輪廻したほうが、新しい経験を得られていい場合もあるんですけど、私たちみたいに、すごく長い歴史を見ている者にとっては、転生輪廻は必ずしも有利でないこともあるので。

それよりは、そういう転生をしないで、「関心を持った時代」に降りたら、その時代を生きていることになるんですね。

で、その時代の勉強が終われば、もとに帰って、また違う時代に行くとかいうようなこともあるんで。

まあ、あなたがたから見れば、非常に注意力散漫《さんまん》に見えるかもしれないけれども。うーん、そうですねえ、蜂《はち》の巣穴からいっぱい出てくるみたいな感じですかね。奥《おく》にいて、どの穴から出てくるかによって、違う世界に出てしまうんで。これを説明するのは、地球の人にはちょっと難しいかなあ。

あなたがたの〝売り言葉〟で言えば、やっぱり、「神」の概念《がいねん》に当たると推定しますから。

質問者Ａ　なるほど。

ヤイドロンさんは、エルダー星以外にはお生まれになったことはないですか。

ヤイドロン　うーん。まあ、地球の環境《かんきょう》が大きく変化するようなときは、また（地球に）出ようとは思っていますし。

あなたがたが言っている転生輪廻が、短い、数十年の人間人生のことを言うのなら、そういうかたちで生まれることはできるんです。

その間は、例えば、宇宙船のなかでは仮眠《かみん》状態になっているんです。カプセルのなかで寝《ね》ている状態で生まれ変わっている感じで、あなたがたの「天国から生まれてくる」というのと、ちょっとシステム的には違っていて。この時代に生まれたいと思えば、その時代に出られるんですよ。

だから、本当は、「宇宙紀元で、今、何年を生きているか」「宇宙紀元何年か」ということは、それは決めかねるので。エルダー星の紀元だったら、「エルダー紀元何年」というのは多少分かりますけれども。

星によってねえ、生きている時間が違うんですよね。

質問者A　そうなんですね。宇宙って、本当に広いですね。

ヤイドロン　すごいですよ。本当に、何十億個もの銀河があるから。

でもね、縁《えん》があるところでないと出てこられないんですよ。縁がないところには無理なんで。

仲間がね、地球にだいぶ出ているから、来られるんですよ。やっぱり、関心があるということが、執着《しゅうちゃく》とは違うんだけれども、「来られるきっかけ」なんですね。何にもきっかけがなければ来られないですよ。

私たちの寿命《じゅみょう》は確定しにくいけれども、もし、「ああ、面白《おもしろ》そうだな。ここに一回、出てみようかなあ」という感じで、仮眠状態に入って寝れば、肉体に宿ることもできるんです。

〝あっという間〟なの、地球時間の百年なんてね。

質問者Ａ　あっという間？

ヤイドロン　宇宙時間から見れば、〝あっという間〟なんですよ。「ちょっと行ってくるよ」みたいな感じなんですよ。「日曜日は試合があるから、ちょっと行ってくるね」っていうような感じなんです。

「ＵＦＯ内での生活」について訊《き》く

大川隆法　動いていますか。

質問者Ａ　今、もう一回、（ＵＦＯが画面から）出たので……。ああ、発見しました。……映りました。

大川隆法　揺《ゆ》れていますね。

質問者A　ちょっとユラユラはしているようには見えますね。

大川隆法　多少スイングしています。ああ、動いていますね。スイングしていますね。ああ、今、合図を送っていますね。スイングしている。

質問者A　手振《ふ》ったら見えますかあ？　おーい！

ヤイドロン　今はもう、私たちだけの会話ですから、何か本当に訊《き》きたいことがあったら訊いてください。

質問者A　ヤイドロンさんは、UFOのなかでは何を食べますか。

ヤイドロン　うーん。いちおう宇宙食みたいなものは持ってはいるんですが、ちょっと、それをつくってるのは別のところで、別の人たちがつくっていて。宇宙食をつくるのは、主としてサイボーグたちの仕事で、任せているので。食事担当でつくってているので。

私たちは、自分たちの好みについては言うんですけれどもね。そうしたら、それに合わせて、いろいろつくってくれるんです。

今、地球的な材料は研究しているので。どの国の料理がおいしいかとかも、多少、研究してはいるんですけれども。

でも、宇宙食型に少し変化はしていますね。多少、保存は利《き》くようになってますね。

質問者Ａ　お風呂《ふろ》は入りますか。

大川隆法　ああ、それは、（以前）訊き損《そこ》ねたものかなあ。

ヤイドロン　お風呂ですか。えっと、瞬間《しゅんかん》シャワーみたいなのはあるんですよ。

質問者A　えっ？　お水ですか。ちゃんと出てくるんですか。

ヤイドロン　シャワー室みたいなのがあってね、噴射《ふんしゃ》する、何か霧《きり》みたいなものをシャーッと浴びるとね、全部、清潔になるんですよね。

質問者A　ええーっ！　いいなあ！　それ、欲《ほ》しい！

ヤイドロン　そんなに時間はかからない。三十秒もあれば、シャーッと浴びると、殺菌《さっきん》と消毒と、それと垢落《あかお》としみたいなのを、全部やってくれるんですよね。そういうものを持っていますよ、機内で。

質問者A　ヤイドロンさんたちも、何か飲み物は飲むんですか。

ヤイドロン　ああ、それはありますね。

質問者Ａ　お水？

ヤイドロン　いや、水は普遍《ふへん》的なものですけれども、うーん……、そうですね。もうちょっと、何て言うか、「エネルギーを内包した水」とかも、食事代わりに飲めるので。

今は、あなたがた、十分できていないと思うけれども、水のなかにね、エネルギーをもうちょっと入れることができるんですよ。水に溶《と》かしてね、もう一段、圧縮……、圧縮・濃厚《のうこう》ジュースではないけどねえ、いろいろなエネルギーが摂《と》れるようなものがあるんですよ。

実際のかたちで言えば、十リットルぐらい必要なものを、濃縮する感じで、いろんなものを入れるみたいなね？　そういうものがあります。

ただ、宇宙であんまりゴミを出してはいけないんで、ゴミを出さないようなかたちのものでやりますけどね。

私たちね、空中に、水分をつくり出すことができるんですよ。

質問者A　ええっ！　大気から？

ヤイドロン　例えば、今、（ＵＦＯが）雲のなかを通っているでしょう？

質問者A　はい。

ヤイドロン　雲のなかから水分？　外から水分を……、何て言うかな、氷の粒《つぶ》がいっぱい雲の周りにあるんですね。これ、吸い込《こ》み口があって、そこから吸い込んで、飲料水とか、その他の生活用水に変えることはできるんです。

質問者A　へえーっ、そういう技術があるんですね。

ヤイドロン　うん。だから、海の水とか川の水を使わないで、雲からいわゆる蒸留水に近いものを取るし。

実は、雲のなかの「雷《かみなり》エネルギー」も、一部、エネルギーとして吸い取っています。発生しているんです、いっぱい。それは、地上に落ちるものもあるけど、地上に落ちないものは、雲のなかで、われわれがエネルギーとして吸収している。太陽光発電ではないけどね、雲のなかのエネルギー源発電として、吸収してるものがあるんです。

質問者A　なるほど。

すみません。もう少しだけ……。

ヤイドロン　はい。〝雑談〟は大事ですよ。

質問者A　「もしかしたら、何万歳も生きられる」というお話でしたよね？

ヤイドロン　そういうことになりますね、地球に合わせれば。

質問者A　そうすると、やはり、一日二十四時間の、地球人のサイクルとは少し違った時間をお過ごしですか。

ヤイドロン　それはねえ、あなたがたが海外へ行くときの時計を海外時間に合わせるように、私たちの時計も、何種類もあって、「地球時間でこう」「どこそこ時間でこう」みたいなのがいっぱい出るんですよ。星の時間？　自分が行ったり来たりしているところの時間が出るんです。

だから、複数時間、「エルダー時間」とか、「地球時間」「木星時間」とか、あるいは、太陽系外のね、ほかのところにも拠点《きょてん》はあるので、そこの時間も出ているので。

宇宙船のなかにも、そういう、いろいろなところの時間がいっぱい表示されている。

質問者A　へえーっ。睡眠《すいみん》は取りますか。

ヤイドロン　ああ、仮眠は取りますね。ずーっと寝続けることはないけれども。

大川隆法　あれっ、見えますね。

質問者A　はい。

ヤイドロン　雲の下にいるでしょ、今。

質問者A　今ね、まだ映っていますね、ちゃんと。

ヤイドロン　今、雲の下にいるんですよ。雲の下にいるから、星じゃないの分かるでしょ。雲の下にいるんです。ちょっと重なりますけれどもね。高さ的には、あの上のところが今……、撮《と》りやすいんで。

質問者A　やはり雲の間だと、視界は悪くなりますか、飛行機と同じで。

ヤイドロン　私たちは、あなたがたと全然違って、外側は自由自在に見えるようになっているので。ただ、自分たちを隠すものはね、あるほうが便利なので。よからぬ者等に見られるといけないから、見られないように、やっぱり、雲あたりの近くにいっつも動いているのはあるし。あとは、夕方なんかだったら、太陽を背にして動くことは多いですね。そうしたら、だいたい分からないから。そういうことが多いですねえ。

あるいは、満月なんかだったら、月を背にして来て、分からないようにするところもありますね。

2　創世期の神を助けてきたヤイドロン

ヤイドロン　私は、創世期の神のようなものを助けるのが、とっても好きなんですよ。うーん、そういうとき……。

質問者A　本当にありがとうございます。

ヤイドロン　（さまざまな生霊《いきりょう》も来ているようだけど）今日はあなたの悩《なや》みを、少しは引き受けるつもりでいる。

質問者A　（いつも護《まも》っていただいているのに）ヤイドロンさんに何もお返しできなくて、本当に申し訳ないです。

ヤイドロン　でもね、今回の映画（アニメーション映画「宇宙の法―黎明《れいめい》編―」）で、あちらの、あのー……。

質問者A　ゼータ星？

ヤイドロン　レプタリアンもちょっと有名になってくるからねえ。

質問者A　そうですね。「レプタリアンさんのなかでも、ちゃんとした方々もいるんだ」ということも伝えなければいけないですね。

ヤイドロン　「レプタリアン（の星）から来た者のなかにも、地球の始原《しげん》の神の仲間の一人はいるんだ」ということは、知っておいてほしいんですよね。地球進化のために来た者も……。

映画「宇宙の法―黎明編―」（製作総指揮 大川隆法、2018年公開）。DVD&Blu-rayは幸福の科学出版より発売・販売。

質問者Ａ　そうですね。レプタリアンさんもいないと、発展しなくなってしまいますものね。

大川隆法　雲がちょっと増えてきましたねえ。

質問者Ａ　そうですね。ちょっと画面にも。

（ヤイドロンに対し）本当にありがとうございます。

ヤイドロン　いや、本当は訊《き》き残したことがあるかもしれないけれども、今日は、あなたがたの願いを聞いたから。

私たちは、こんなふうにしてね、イエスが生まれるときだって見ていたしね。

質問者Ａ　ああ、そうなんですね。

ヤイドロン　うん。今日は、隆一君《りゅういち》（大川隆法総裁の孫）だって、私も見ていました。

質問者Ａ　見ていました？

ヤイドロン　うん。なんか、頼《たの》もしいというか、代わりをやってくれそうな感じね。うーん、感じますね。

質問者Ａ　なるほど。では、どうか、共にお護りください。とっても感謝しています。

ヤイドロン　だから、「私がいる」っていうことはね、「今の時代も創世期なんだ」ということですよ。新しい時代がつくられようとしているんですよ。

質問者A　なるほど。アルファ様の時代もいらっしゃったんですよね、きっと（『信仰《しんこう》の法』参照）。

ヤイドロン　それは当然でしょう。まあ、あなたがたのマンガ……、じゃないか、アニメのなかに出てくるキャラになっているかどうかは知らないけれども、ああいうものになって登場する存在の一人でなければいけないということですね。

質問者A　では、一緒《いっしょ》につくってきてくださったんですね、地球的価値観を。

ヤイドロン　そうですね。だから、まあ、本当の全《ぜん》智《ち》全能《ぜんのう》ではないと思うんだけれども、ただ、神様のね、〝荒業《あらわざ》的な部分〟も少し体現して、やっていなければいけないんでね。

『信仰の法』（幸福の科学出版刊）

質問者Ａ　そうですね。

ヤイドロン　うん、うん。まあ、そういうところですよ。

質問者Ａ　ちなみに、アメリカのトランプ大統領は、「正義感」や「正邪《せいじゃ》」についても、けっこう明確に打ち出しつつあると思うのですけれども（収録当時）、ヤイドロンさんからはどんなふうに見えますか。ヤイドロンさんも、正邪は分かつ方だと思うので……。

ヤイドロン　うーん、まあ……、仲間なのではないですか。

質問者Ａ　やっぱり、そうですか。

ヤイドロン　うーん。仲間みたいな気がしますねえ。

質問者Ａ　「正邪」を分かち、やはり、悪いことをしている方たちには、ちゃんと……。

ヤイドロン　すごく強く出ているんじゃないですか。あれは、いいことではないですか。

エル・カンターレができないことをやってもらおうとしているんで。アメリカの大統領でなければできないこともあるんでね。

質問者Ａ　そうですね。アメリカ大統領でないと、今の時代に発信できないところもありますよね。

ヤイドロン　うん。だから今、私たちは、トランプ大統領もプーチン大統領も、インスピレーションで、だいぶ支配しようとはしていますよ、うん。

習近平《しゅうきんぺい》の中国もね、これからちょっと時間をかけて、どうするか、今、計画を立てているところですから、やります。はい。

質問者A　分かりました。

ヤイドロン　地球にも「正義」は必要です。

質問者A　あなたも、エル・カンターレの片腕《かたうで》の一本ですね。

ヤイドロン　まあ、もし、〝カニの脚《あし》〟みたいなのだったら、そうでしょう。

質問者A　そうですね。

分かりました。まことにありがとうございました。

ヤイドロン　ええ、また。（ドイツ講演の）海外行きの前で、つらいだろうから、少し警備はします（収録当時）。警備強化しておきますから。

質問者Ａ　どうもありがとうございます。感謝しております。

ヤイドロン　はい、はい、はい。

『Love for the Future』
（幸福の科学出版刊）

第2章　エルダー星の「アニマ経済」と「転生輪廻《てんしょうりんね》」の秘密

――ＵＦＯリーディング14――

二〇一八年十月二十一日　収録

幸福の科学　特別説法堂《せっぽうどう》にて

1　エルダー星のアニマの経済

エルダー星での経済の仕組みについて訊《き》く

質問者A　（ＵＦＯが）見えますか。

大川隆法　はい、見えます。

質問者A　（カメラを）ちょっとだけ動かします。これで、今、固定します。

（約十秒間の沈黙《ちんもく》）

2018年10月21日、東京都上空に現れたUFOの画像。

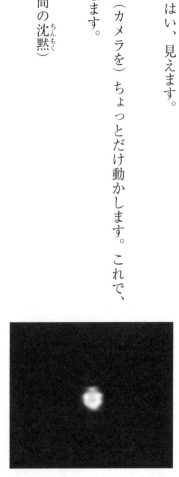

大川隆法　聞こえてくる声は「ヤイドロン」ですね。

質問者A　（笑）やっぱり、ヤイドロンさんが警備してくださっていますね。

大川隆法　うーん、あそこ、いちばんいい所に陣取《じんど》っているね。「ヤイドロン」という声が聞こえてまいります。よく来るね。日中も来たか、夕方も来ていたから。ヤイドロンですね。

質問者A　ヤイドロンさんはどうやって……。貨幣《かへい》経済はないのでしょうか。

ヤイドロン　うーん、貨幣経済……。ずばりは貨幣経済みたいなものは使っていないんですけど、それに代わるものは、平和時には多少あります、平和時にはね。

質問者A　（私たちを）警備してくださっているじゃないですか。ヤイドロンさんは、どういうふうなかたちで食料とかを手にしているのかなと思ったんです。こちらから、何かお支払《しはら》いとかをできるわけでもないけれども、いつも見守って、警備してくださっているではないですか。

ヤイドロン　うん、うん。

質問者A　ヤイドロンさんは、どうやって生きているのでしょうか。地球の感覚でいくと、やっぱり、警備をしたとしたら、報酬《ほうしゅう》をもらえて、それで、衣食住を整えるではないですか。例えば、UFOの燃料にしたり。

ヤイドロン　ああ、なるほど。

質問者A　ヤイドロンさんは、どういう仕組みで（経済が）成り立っていらっしゃるのかなと。

例えば、「プレアデスに行くと貨幣経済がない」と今お教えいただいているんですけれども（『ＵＦＯリーディングⅡ』参照）、エルダー星になると、どうなるのですかね。

ヤイドロン　うーん、まあ……、秘密を明かすことになるかもしれないけれども……。まあ、〝肉体一つに霊体《れいたい》が入っているような感じ〟になりますけどね。

私たちの、まあ（笑）、これを言うと、ちょっと、どういうふうに取られるかが分からないから難しいんですけれども。うーん……、（映画「宇宙の法―黎明《れいめい》編―」の）ザムザさんのね、ザムザさんと同じようにね、私たちは「アニマ経済」ではあることはありまして（笑）。アニマの蓄積《ちくせき》が、ちょっとあるんですよ。なので、「アニマの貯金」というのがありましてね。

だから、死んで肉体を去って、地球なら霊界《れいかい》に還《かえ》るような感じもあると思うけれども、宇宙レベルでいくと、必ずしも、そういうふうな固定した星の霊界に行って、

『ＵＦＯリーディングⅡ』
（幸福の科学出版刊）

戻《もど》ってというだけではなくて、「星対星」の間でね、星間《せいかん》戦争なんかもしたりもして、勝ったりした場合には、アニマがたくさん手に入るんですよ。それで、「アニマ貯金」みたいなのがけっこうありましてね。「そのアニマの量だけ働ける」みたいな感じがあるんですよね。

質問者A　へえー。では、その間《かん》、何も特に（食べずに）……。

ヤイドロン　だから、非常に霊的なエネルギーで生きている面もあるんですよ。

宇宙から地球に生まれ変わるときに使われる〝貯金〟とは

質問者A　例えば、アニマといっても、やっぱり、地球に住む人間も動物を頂くではないですか。

ヤイドロン　ええ、ええ、ええ。

質問者Ａ　そのときには、お金を支払わなければいけない原理が発生するんですけれども、その「お金に当たるものは、なしでいい」ということですか。

ヤイドロン　だから、「アニマの貯金」はあるんですよ、私たち。

質問者Ａ　もっと長く蓄積できるということですね?

ヤイドロン　アニマをたくさんね、「貯蓄」っていうか「貯金」してるんですよ。で、それが余ったらね、〝余ったアニマ〟を、生まれ変わりとかで、ときどき派遣《はけん》するんですよ。だから、宇宙から生まれ変わっているでしょ?　宇宙から生まれ変わっている人がいるでしょ?

質問者Ａ　はい。

ヤイドロン　とか、動物もあるけれども。そういうときに、宇宙からアニマを送り込《こ》んで、生まれさせるということもやるんです、うん。

だから、私たちが生きていくエネルギーのために使っているアニマもあるけれども、転生輪廻《てんしょうりんね》の……、まあ、スタートだけどね、スタートの転生輪廻として、霊界から生まれてくる者もあるけれども、宇宙からいきなり生まれているようなやつがいるでしょ？　あなたがたがリーディングした結果。

質問者A　はい。

ヤイドロン　そのように、初めて宇宙人から地球に生まれる場合があるんですよ。それは、こうした貯金しているアニマのなかから、手ごろなのを選んで、コンピュータではないけど、何かいろんな記憶《きおく》とか考え方とかをインプットして、地球人の胎内《たいない》に、ほかの者が入る前に入《い》れるんですよ。

質問者A　そうしたら、その転生した存在が地球で学んだ経験は……。

ヤイドロン　私たちが全部モニターできる。

質問者A　共有できるということですか。

ヤイドロン　うん、そうそうそう。そういうふうにしてから送るから。だから、「（地球に生まれるのが）初めての宇宙人」っているでしょ？

質問者A　はい。

ヤイドロン　そういうのは、そうなんですよ。

だから、私たちは〝手持ちのアニマ〟をいっぱい集めているから、地球の生まれてくる予定から見て、〝手持ちのアニマ〟のなかで適正なやつを入れて、それで、その宇宙を起点とした転生輪廻もあるんですよ。地球の転生輪廻もあるけれども、宇宙から送り出してくるやつもあって。こういう場合は、何らかの使命を宿していることのほうが多いですけどね。何かの役割をする。

だから、宇宙からだってあったでしょ？（幸福の科学の）職員でも、「前世《ぜんせ》、宇宙人」っていうの。

質問者A　はい。

ヤイドロン　あったでしょ？　それは、普通《ふつう》の「本体・分身」みたいな（魂《たましい》の）構造になってないんですよね。

だから、まずは〝人間として生きる記憶〟をつくろうとしているわけなんですよね。

質問者A　なるほど。

ヤイドロン　そういう、ちょっと「アニマ貯金」が、過去の歴史のなかにいろいろあることはあるんで。それをどういうふうに考えるか分かりませんが。樽《たる》に詰《つ》められたワインみたいに思うか（笑）、そういうものじゃなくて、もうちょっと抽象《ちゅうしょう》的なものと思うかは、いろいろですけれども。いちおう「アニマ貯金」みたいなものを持っていて、引き出せるようにはなっているんですね。

質問者A　なるほど。「それがエネルギーとしてある」ということですね。

ヤイドロン　一部は、「食料」という言い方もあるけど、「生命エネルギー」に転換《てんかん》することもできるし、余裕《よゆう》があれば、「生まれ変わり」に送り込む。

だから、いろんな国でいろんな転生がありますけど、必要な人を送り出したりする仕事も、私たちはしているんで。

質問者Ａ　すごいですね。

ヤイドロン　これは、まだ、はっきり書かれていないでしょ？

質問者Ａ　ああ、全然分からない仕組みですね。

ヤイドロン　リーディングでちょっと出てきているけどね。「過去世《かこぜ》が、直接、宇宙人だった」っていうのが、たまにいるけど。「いったい、どうなっているんだろう」って、やっぱり不思議でしょ？

質問者Ａ　はい。

ヤイドロン　こういうことをやっているんですよ。私たちが持っているアニマの、その何と言うか……。どういうふうに考えられてもいいんですけれども、今はどんなふうに言えば分かるんだろう？

質問者A　うーん……。

ヤイドロン　「チップみたいな感じで持っている」と思ってもいいかもしれないし、まあ……。

質問者A　でも、「一定の魂のストックみたいなものは持っている」ということですよね？

ヤイドロン　そう、そう、そう、そう、そう。それをコンパクト化して、大量に保存できる。だから、現金だけでなくて、電子マネーがコンピュータにストックされているようなかたちで、アニマのストックが、ちょっと特殊《とくしゅ》なかたちでできるんですよ。

だから、それを、私たちの「生活エネルギー」に換《か》えることもできれば、「生まれ変わり用」に育てることも可能で。いろいろ種類に分けてストックしてあるので。

宇宙には、アニマのままで存在しているものがいっぱいあるので。

だから、そういう、私たちみたいな、コントロールできる力を持っている者は、それを使うこともあるわけですね。

それから、あなたみたいな人からも、「あれを引き揚《あ》げてくれ」みたいなことを言われた場合、場合によってはアニマを取り上げることもあります。

質問者A　なるほど、なるほど。

2　宇宙的規模から地球を指導する

ヤイドロンと交流するための資格とは

質問者Ａ　ごめんなさい。今日、ヤイドロンさんが来てくださっているのに、私のほうが先に質問をしてしまいました。

ヤイドロン　ええ。昼間から今日も来ていましたよ、心配して。

質問者Ａ　そうですよね。本当にありがとうございます。

ヤイドロン　でもね、すべてはいい方向に行きますから。私たちまで介入《かいにゅう》してきていますので。

私は、宇宙的規模から指導している……。まあ、モーセのために道を開いたヤハウェみたいなものがあるけれども、同じとは言わないけれども、ほぼ同じような機能を持っている存在ですので、ええ。

質問者A　ヤハウェ様とは別なんですよね？

ヤイドロン　うん、まあ、「民族神」といわれると、私はちょっと抵抗《ていこう》があるので。そうではない。そうではなくて……。

質問者A　ああ、「もっと世界規模で見ている」「宇宙規模で見ている」と。

ヤイドロン　うーん、だから、さっき、救世主星《せい》（の宇宙人・ミスターR〔R・A・ゴール〕）が来ていたけれども、

『地球を見守る宇宙存在の眼―R・A・ゴールのメッセージ―』（幸福の科学出版刊）

私だって、ある意味では……。

質問者Ａ　ああいう感じのレベルに近いということですか。

ヤイドロン　そうなんですよ。だから、仕事はね、穏《おだ》やかなかたちの悟《さと》りを求める救世主星もあるけれども、私なんかはそうではなくて、「文明が変換《へんかん》していくところ」とか、「戦争なんかが起きるとき」とか、「大災害が起きるとき」とか、そういうようなときなんかに介入してくる資格を持っている者なんですよね。

質問者Ａ　なるほど、なるほど。どちらも重要ですね。

ヤイドロン　まあ、警備……。今は、あなたがたの〝ＳＰ〟を兼《か》ねていますけれども。ちょっとあなたがたは優《やさ》しすぎるので、多少放置すると悪が増殖《ぞうしょく》したりすることがあるので、ちょっとそれに対して、今、厳しめの指導をしなくてはいけないと思って、天上界《てんじょうかい》からもコントロールの念波《ねんぱ》を送っているんですよ。

質問者A　なるほど。本当に、いつも感謝しております。護《まも》っていただいて。

あと、ヤイドロンさんたちと、今まで私たちが認識していた、いわゆる「霊界《れいかい》」「天上界」とは、交流などはあるんですか。

ヤイドロン　うん。（私たちと）交流できるのは有資格者だけですけどね。

質問者A　ああ……。認められている人は高次元の……。

ヤイドロン　はい、資格がある人は……。要するに、多少、「宇宙との関連性」まで悟っている魂《たましい》でないと、交流は不可能。

質問者A　天上界のなかでも……。

ヤイドロン　うん。

だから、「死んで、この世からあの世に還《かえ》っただけぐらいの人」では、ちょっと、私たちの存在まで届かないので。「ほかの星にも魂的にちょっと行ったり来たりできるぐらいのレベルの人」ということになりますね。

私たちは、八次元のワームホールを伝って、来ている存在です。

質問者A　ヤイドロンさんは八次元を通れるんですね？

ヤイドロン　そうです。

質問者A　かっこいいですね。

ヤイドロン　八次元太陽界を通ってきている存在ですね。だから、「ある程度、それを理解できる人」ということですね。

質問者Ａ　では、八次元レベルの人でないと、（ヤイドロンさんたちと）意識交流はできないんですか？

ヤイドロン　まあ、人にもよりますけどね。ただ単に、「私たちのインスピレーションを受ける」っていうぐらいで済む人もいれば、もうちょっと会話ができるレベルまで行く人とか、指導がちゃんとできるレベルの人とか、いろいろあるから、レベルに応じて指導はしますけどね。

質問者Ａ　なるほど。

ヤイドロン　ただ、私たちの指導は、〝ややスパルタ式で厳しめ〟であるところは定評のあるところで、人類があんまり軟弱《なんじゃく》に流れすぎたら、やっぱりビシッとさせるところはやります。

質問者A　うん、うん、うん。なるほど。

ヤイドロン　だから、まあ、今もちょっとね……。

大川隆法　位置がほら、変わってくるんですね。

ヤイドロン　今も、やっぱりあなたがたにね、もう一段大きくなっていただきたいと思っているので。「天上界の指導だけでは、少し見ていられない」というか、まあ、天上界の主要どころにも、だいぶ、地上に生まれている者もいるんでね。ちょっと今、宇宙からの応援《おうえん》を必要としている時期が来たかなと思っているから、来ているので。

質問者A　確かに、それはそうですね。

ヤイドロン　認識力に少し差がありますので。私たちのほうが、よく分かっていることがあるので。

ネットや携帯《けいたい》電話など情報通信に対するヤイドロンの見解

質問者A　創造主が生まれておられますのでね、やっぱり……。

ヤイドロン　そう、護りますよ。いざというときはね、私たちは、いろいろ持っていますから。いざというときは、プラズマ兵器まで持っていますからね、ええ。だから、本当に、何か敵みたいなものが現れてくるんだったら、いろんな兵器まで使いますから。

質問者A　今、地球では、北朝鮮《きたちょうせん》もできると言われている「電磁パルス攻撃《こうげき》」というものがあるんですけれども、電磁パルスよりもプラズマのほうが上なんでしょうか。電磁パルスを発射されると、ヤイドロンさんの持っている宇宙のＵＦＯなどは、何か影響《えいきょう》を受けたりするんですか。

ヤイドロン　私たちのエネルギー源は、何種類か持っているので。いわゆる電気系統のものもつくれる力を持ってはいるんだけれども、それ以外のエネルギー源もあるんです。

原子力のようなものも持っているし、まだ人類に未知のエネルギーもあります。だから、それは、いつでも自由に使えるので。そういう電磁パルスとかがあっても、その電磁パルス攻撃をしている根元《ねもと》のところを破壊《はかい》することだって可能です。そこにプラズマ攻撃をかけますので、破壊することができます。

質問者Ａ　ヤイドロンさんたちには、「インターネット」のようなものは、どのような感じに見えるのでしょうか。

ヤイドロン　うん、多少、情報をチェックしていることはあるんですが、あまりにレベルが低いので、そんなに大きく問題にはしていないという……。

質問者A　では、やはり、ヤイドロンさんたちの世界に行くと、インターネットのようなものは超《こ》えていますよね？

ヤイドロン　ちょっとね、あんまりにもレベルが低いですよね、内容がね。

だから、われわれは、確かに、「世界規模の影響のあるもの」とかについては情報は取っています。

それは取っていますし、やっぱり、大川総裁とかが考えているようなこと、判断していること、発信しているようなこと、こういうものがどういうふうに影響していくかについては、フォローは確実にしていますから。

何とか、（大川総裁が）この世におられる間に仕事が達成されるように、協力して、ちょっと加速をかけていきたいと思います。

特にですね、今、（幸福の科学は）北朝鮮、中国、ロシア、アメリカ、ドイツとか、いろんなところに影響を与《あた》えようとしていますので。ちょっと、地上の力だけでは足りないと思うので、私たちのほうからも働きかけを、今かけています。

質問者Ａ　でも、習近平《しゅうきんぺい》さんの宇宙人の……、守護霊《しゅごれい》だったから〝あれ〟だったのかもしれないんですけれども、そんなに……。

ヤイドロン　そこまで悟りは開いていない？

質問者Ａ　そうでしたね。そんなに認識力がすごく高い感じにはお見受けできなかったですね。

ヤイドロン　まあ……、そうですね。いやいや、まだ地上の兵器では私たちには勝てない。

『習近平守護霊　ウイグル弾圧を語る』（幸福の科学出版刊）

『習近平思考の今』（幸福の科学出版刊）

質問者A　「携帯電話《けいたいでんわ》」のようなものは、持っているんですか。

ヤイドロン　うーん、そのようなものはないね。
　頭に、ちょっとした突起物《とっきぶつ》みたいなものはあるんですけれども（笑）。そういうものから、いろいろ通信は可能ですけれども。

質問者A　では、自分たちで、通信を受けたり、送信できたりするということですか。

ヤイドロン　そう、できる。自分たちで、小型アンテナみたいなものを持っていると言えば持っているので、それでほかの者とも通信していますね。宇宙間でも、星が違《ちが》っても通信できる場合もあるし、ちょっと関係が悪い場合は、話ができない状態にはなりますけどね。アンテナみたいなのは持っていますよ。
　だから、「鬼《おに》みたいに見える」と言われることもあるんだけどね（苦笑）。

まあ、地球よりは、やっぱり、まだ科学技術がかなり進んでいるので、全部を説明するのはなかなか難しいですけれども。まあ、いずれ、もうちょっと、必要なことがあれば、教えてあげようとは思っていますけどね。

質問者Ａ　はい。分かりました。

大川隆法　えらく（ＵＦＯが）下がってきましたね。

質問者Ａ　本当ですね。また下がってきました。動いているということですね。

大川隆法　下がってくるんだね、やっぱり。どの程度、下がっているのか。あっ、何か光った。光ったね、今。一瞬《いっしゅん》、そこが光った。

質問者Ａ　本当ですか。

大川隆法　うん。一瞬、光って消えた。この下、この（カメラの画面の）三角の下のところ、真ん中へんに一瞬光ったから、何か飛行物だね。一瞬光った。ナマズかと思ったような感じの形のものが、一瞬キラッと光って……。一瞬、一瞬光ったかな。

地球の文明の興亡にもかかわってきた守護神

質問者A　ヤイドロンさんは、「愛」がありますよね。

ヤイドロン　ありますよ。愛だってありますよ。

質問者A　厳しいとおっしゃりつつも、「愛の思い」が大きいのではないでしょうか。

ヤイドロン　いや、ある意味で、私だって「守護神」なんですよ。

質問者A　いや、本当にそうだと思います。愛がありますものね。

ヤイドロン　守護神なので、「正しい者を護りたい」という気持ちはあるしね。「間違った者は転落しないように止めたい」という気持ちはあるし、人を間違った方向に導いていこうとする者に対しては、やっぱり、それに対して「叱《しか》りたい」という気持ちも持っていますからね。

質問者A　本当ですね。宗教を広めなきゃいけないのに宗教を嫌《いや》がるように仕向けている者には叱ってくださいますからね。

ヤイドロン　私はね、だから、優しいところもあるんですけれども。ただ、ムーだとか、アトランティスだとか、その他の大きな大陸の興亡、あるいは、文明の興亡なんかにもかかわっていますからね。

質問者Ａ　そうなんですか。すごいですね。

ヤイドロン　そういう意味では、〝怖《こわ》いところ〟もあるんですよ。だから、力の一部しか出していませんけど、今はね。必要とあれば、そこまでやりますからね。

質問者Ａ　はい。分かりました。

ヤイドロン　だから、宇宙人をね、あんまり軽く見ないでもらいたいなと思っています。「ここ（地球）まで来られる」というのはね、やっぱり、今の地球人から見れば、そうとうの悟りが現在なければ無理なレベルなんですよね。

質問者Ａ　なるほど。そうですね。

大川隆法　あちらのほうに、小さな赤い点があるね。

質問者Ａ　ああ、本当ですね。

（ヤイドロンに対して）分かりました。ヤイドロンさん、本日もありがとうございます。

ヤイドロン　はい、ありがとうございました。

質問者Ａ　また引き続き、お願いいたします。

第3章　救世主の登場が地球的に知られるようになる

――UFOリーディング16――

二〇一八年十月三十一日　収録

幸福の科学　特別説法堂《せっぽうどう》にて

1 「地球神」という強力なメッセージを知らしめよ

点滅《てんめつ》するオレンジ色の物体を発見する

質問者A　はい、（カメラに）映っています。アップします。ちょっと待ってください。あっ、上にもいます。何か映っています。

大川隆法　ん？　上にもいる？

質問者A　はい。ここにピコピコと光っているものがいます。ここがオレンジ色ですよね。

大川隆法　はい。

2018年10月31日、東京都上空に現れたUFOの画像。

質問者A　この左斜《ひだりなな》め上に光っているものが見えますか。ここです。光が出ている。ピコピコピコ……。

大川隆法　うーん。目視ではちょっと見えないね。

質問者A　そう、目視では見えないけど、画面上では（映っています）。ここです。

大川隆法　うーん、あっ、本当だ。ああ、あるね。目視では見えないね。すぐ後ろに薄雲《うすぐも》が張っているね。

質問者A　はい。ここの前に。

大川隆法　これは薄雲の前に存在する。オレンジが……。

質問者A　この上にもいるんですよ。ここです。

大川隆法　本当？

質問者A　ここにもいます。

大川隆法　いやあ、今日は見えにくいね。

質問者A　今、三機映っています。

大川隆法　ああ。目視では、オレンジ色のものが一個しか見えない。

質問者A　これ、これです。同じ光が三個並んでいます。

大川隆法　そうか。では、いるんだ。目では見えない。オレンジのも、もう消えてしまった。

質問者Ａ　いや、います。三つ映っています。すごく点滅《てんめつ》しています、あのオレンジが。

えっ!?　すごく点滅しています。動いています。すごく点滅している。

大川隆法　揺《ゆ》れている。

さっき、オレンジ色の物体の後ろ側を、一つ目のヘリコプターが通っていったから、ヘリコプターより手前にあることは明らかなんですよ。

質問者Ａ　ここにチカチカ光っています。

大川隆法　そうだね。（画面上では）そこにちょっと見えるね。肉眼ではほぼ見えないね。

質問者Ａ　ちょっと、この大きい光にフォーカスしますね。

大川隆法　はい。では、大きく映っているオレンジ色の物体。オレンジ色の物体は、どちら様でございましょうか。オレンジ色の物体。

先ほど、その背後をヘリコプターが飛んでいくのが見えましたので、星ではないと推定します。星ではないと思います。星より手前にあって、たぶん空中にある。

あっ、本当だ。あそこに光ったね。斜め上に光った。普通《ふつう》は見えないのに、光るやつがいるね。

キラッと光ったから。

このオレンジの光よ、オレンジの光よ。あなたは、どちら様でしょうか。私の声が聞こえますでしょうか。

あなたは、どちら様でしょうか。教えてください。

（約五秒間の沈黙《ちんもく》）

その名前でよろしいんでしょうか。「ヤイドロン」と言っている。

質問者Ａ　あっ、ヤイドロンさん。

大川隆法　いつもの警備か。「ヤイドロン」と言っている。

質問者Ａ　今日、呼んでしまったかもしれません。

大川隆法　呼んだ？

質問者A　はい、心のなかで。「ヤイドロンさーん」って。

大川隆法　ああ、生霊《いきりょう》が来たから？

質問者A　はい。ごめんなさい。

大川隆法　寂《さみ》しいから慰《なぐさ》めに来たのかな。

質問者A　今日、すごく点滅しているんです、ヤイドロンさん。

大川隆法　あっ、あそこも一つあるね。

質問者A　ちなみに、ヤイドロンさんの今日のＵＦＯの形は？

大川隆法　どんなＵＦＯの形をしていますでしょうか。教えてください。

ヤイドロン　今日のＵＦＯはね、全長五十メートルぐらいはあるんですよ。

質問者Ａ　大きいですね。

ヤイドロン　うん、ちょっと大きめですかね。ちょっと大きめなんです。形は、どら焼き型。上下《うえした》、お椀《わん》がある、どら焼きのような感じ。

質問者Ａ　へえー。毎回違《ちが》う。

ヤイドロン　うん。まあ、ときどき、形を変えているんで。

質問者Ａ　なるほど。ヤイドロンさんのＵＦＯの左上に二機ぐらいいるんですけれども、それは違うＵＦＯですか。

ヤイドロン　いえ、小型の少人数乗りのものが一緒《いっしょ》にいます。

質問者Ａ　あっ、そうなんですね。

ヤイドロン　あと二機いますね。

質問者Ａ　では、ヤイドロンさんの仲間？

ヤイドロン　そうですね。仲間が今ちょっと来ている。

ここ数年の世界の動きについての予告

質問者Ａ　今日は警備をしてくださっているんですか。

ヤイドロン　うん。だから、まだ、いろいろとね、心労も多かろうと思ってね。私たちからも「護《まも》りの想念」は要《い》るかなと思って見ています。

質問者Ａ　本当にありがとうございます。

ヤイドロン　うん。まだまだね、万全《ばんぜん》ではないですよね。まあ、いいことも悪いことも起きてくるように見えてね、不安定に見えているでしょうね。

でもね、世界は大きく動いていきますよ。世界は大きく動いていきます。そのために、お護りしているので。世界が大きく……、これからまだ動かすんですよ。これからですよ。回天《かいてん》の大事業はこれから起きるので。

まだ今起きていることは小さい。もっと大きくなっていきますよ。大きな大きなことが起きてきますよ。

質問者Ａ　総裁先生のご在世中に、大きく変わるかな。

ヤイドロン　うん。もう、ここ数年の間にも、大きく変動が起きていきます。世界はね、大きく変わりますよ。

質問者Ａ　なるほど。トランプさんもいらっしゃるしね。

ヤイドロン　あなたがたのやっていること全部がね、有機的につながって、変動を起こし始めます。映画もだし、政治活動もだし、あるいは本もだし、他のいろんなもの、組織とのつながりとかね、いろんなものが連動していってね、大きく動いてきますよ。

質問者Ａ　はい。本当にありがとうございます。

今日のＵＦＯはすごく点滅していますよね？

ヤイドロン　そうなんですよ。これね、今日は、存在をちょっと教えたかったので。

質問者Ａ　あっ、ＵＦＯ的な感じで。

ヤイドロン　ああ、そうね。点滅していますね。

質問者Ａ　はい。すごく点滅している。

ヤイドロン　ええ、そうなんですよ。教えたかった。しばらく話をしていないから、大丈夫《だいじょうぶ》かな、と。

質問者Ａ　ああ、心強いです。今日、心のなかで呼んでしまいました。「ヤイドロンさーん」って。

ヤイドロン　ああ、そうなんでしょう。だからね、まだ終わっていない。

でもね、大丈夫ですよ。百パーセントの人がね、支持してくれたり応援《おうえん》してくれたりはしませんけどね。でも、だんだんだんだんに、認知して応援してくれる人が、この世的にも増えていくし、世界的にも今、少しずつ少しずつ、いろんなかたちで広がっていますから。

失敗だと思ったことがね、失敗ではなくなってきますから。「失敗」だと思ったことが「次の成功の種」に必ずなってね、〝大きな技《わざ》〟がかかっていきますから。すごいことになりますよ。

もうすぐね、「地球的なレベルで、救世主が登場していることが知れ渡《わた》る」ようになります。

これは、でも、映画も関係あるし、政治的な活動や国際的な活動、それから国内的な活動、すべてが連結して動き始める。

だから、苦しく見えて、内部的にうまくいっていないように見えるかもしれないけれども、それはね、やがて有機的に動き始めるようになる。

すでにイエス・キリストよりも大きな仕事をやっているんですよ。ここまでイエスは行《い》っていないんで。

映画だってね、（大川総裁が）まだ存命中にね、そうした半《はん》自《じ》叙伝《じょでん》的なものがつくれるというのはすごいことですからね。

これ、国際的に知られるようになりますよ。だから、世界の人たちがその存在を知るようになります。

天変地異を自由に司《つかさど》る「宇宙から来たプロテクター」とは

ヤイドロン　だから、「救世主」というだけでなくて、「地球神の存在」というのを、今、打ち出しているでしょう？

質問者A　そうですね。

映画「夜明けを信じて。」（製作総指揮・原作 大川隆法、2020年10月公開）。DVD&Blu-rayは幸福の科学出版より発売・販売。

ヤイドロン　このメッセージは強力です。

質問者A　いや、「創造主がいるかどうか」って大きいですよね。

ヤイドロン　強力なメッセージですから。「地球神」というメッセージは強力ですよ、これはね。「これが言えるか」ということですよ。

質問者A　その概念《がいねん》が、まずね……。

ヤイドロン　そして、キリスト教やイスラム教、その他の宗教的な対立のところを打ち破ろうとしているんでしょう?

「この願い」が分からないわけではない。世界の人たちにも分かるし、日本の人たちにも分かる。多少は分かる。

だから、きっとね、ここ数年以内に大きな大きな力になっていきますよ。

私は冗談《じょうだん》でこんなことを言いませんから。本当にそうなので。だって、もう宇宙からね、あなたがたのプロテクターが来ているんですよ。

質問者Ａ　本当ですよね。宇宙から来ているってすごい。

ヤイドロン　プロテクターで、万一《まんいつ》のことがあったら、代わって罰《ばち》を与《あた》えてやろうとして見張ってるんですけどね（笑）。私たちもこうやって念波《ねんぱ》を出しているので。だから、いろんな霊的《れいてき》存在とか、いろいろ来るけれどもね、私たちは、いろんな時代に、いろんなことを起こしてきた者たちであるので、本当に必要であれば、奇《き》跡《せき》も起こすし。ね？　天変地異だって、自由に司《つかさど》る者なんですよ。

だから、「宇宙の法」（映画「宇宙の法―黎明《れいめい》編―」）もやっているけど、フィクションだとかエンターテインメントだと思っているうちは甘《あま》くて、「これが地球神。これが創造主。そして、これが現在の宇宙の新しいビギニング」ということが知られてくるようになりますよ。

2　エルダー星の魔法《まほう》の力と進化の神

ヤイドロンの母船の大きさはどのくらいか

ヤイドロン　質問はありますか。

質問者Ａ　ええっと……、ちょっと待ってくださいね。ＵＦＯが動きましたね。

ヤイドロン　はい。

質問者Ａ　そうですねえ、全然また話がちょっと変わるんですけれども、「今日（のＵＦＯの大きさ）は五十メートルぐらいある」とおっしゃっていましたが、何人ぐらい乗っているんですか。

ヤイドロン　三十人ぐらいですね。

質問者A　ヤイドロンさんは、どこでUFOを乗り換《か》えているんですか。

ヤイドロン　母船がやっぱり上にいるんで。

質問者A　あっ、母船がいる？

ヤイドロン　ええ。ときどき乗り換えて。

質問者A　母船の大きさはどのくらい？

ヤイドロン　母船？　うーん、そうですね、母船も複数機いることはいるんですけれども。今日、そこから出てきた、私の今乗っているのは、中型機ぐらいなんですけどね。

私が乗り換えてきた母船は……。まあ、さらに大母船があるので、この前の母船なんですけれども。私の母船は三百メートルぐらい。その母船から五十メートルぐらいの中型機が出てきているんですよね。

質問者Ａ　なるほど。「インデペンデンス・デイ」の映画だと、ＵＦＯの母船の全長が、なんと五百五十キロだったかな。

ヤイドロン　ああ、月の何分の一かね。

質問者Ａ　そう、そう、そう。そんなＵＦＯってあるんですか。

ヤイドロン　いやあ、あるかもしれませんが、今、それが停《と》まっていたら、さすがに認識されてしまうから、そこまで大きいものはちょっとないと思います。
地球周辺にいるものは、大きくて二キロから三キロぐらいまでかと思います。
それ以上大きいやつは、太陽系のほかの惑星《わくせい》の陰《かげ》とか、そういう所にいますね。
ああ、今、ヘリコプターみたいなのが近づいてきているので。ヘリコプターじゃなくて、これはジェット機ですね。ちょっと位置を変えているんですけど。

質問者Ａ　すごく、ヤイドロンさんのＵＦＯが点滅《てんめつ》しています。

ヤイドロン　ええ、そうです。

質問者Ａ　すごい、すごい、これ。

ヤイドロン　位置を、今ちょっと変動させているんです。

質問者Ａ　ああ、ヘリコプターが来るから。

ヤイドロン　ジェット機ですね。ジェット機が上を飛んでいるので。ジェット機より下にいるんですよ、実は。

質問者Ａ　そうですね、目視でも下ですね。

ヤイドロン　はい。ちょっと、移動可能なように態勢を見ているんです。ちょっと真上を通っていますね。

質問者Ａ　本当だ。

ヤイドロン　真上を通っているんですよ。だから、ジェット機のコースより下にいるんです、今。

エルダー星の女性は化粧《けしょう》をする？

質問者Ａ　すみません。ヤイドロンさんにお訊《き》きしていいか分からないんですけれども、この間、訊こうと思ったことがありまして。

ヤイドロン　はい、はい、はい。

質問者Ａ　エルダー星の女性は、お化粧《けしょう》とかをするんですか。

ヤイドロン　それはなかなか難しい問題が出ましたね、うーん……。

いちおう、仕事の形態に応じて着るものとかは変わることがあるから、外見は変わりますけどね。例えば、戦闘《せんとう》用スーツとか、普通《ふつう》の事務用レベルのスーツとか、それから、もうちょっと普段着っぽいものとか、変わるから。全然変わりますので。

それで、多少、それに合わせた飾《かざ》り立てはありますが、地球のようなかたちでのお化粧はないですね。

質問者A　ああ、そうなんですね。いちおう、顔形《かおかたち》はその人それぞれで違《ちが》うんですよね?

ヤイドロン　ええ。似たように見えるかもしれませんが、多少、みんな違って。

質問者A　違っている。

ヤイドロン　ええ。美しさの基準も、たぶん違うでしょうけどね。

質問者A　地球では人種が違ったりするではないですか。エルダー星にも、そういう人種の違いみたいなものはあるんですか。そんなことはないですか?

ヤイドロン　うーん、まあ、多少違いはありますけどね。だから、外見がね、かなり変わりますから。

まあ、女性のほうが男性より少し小さいことは多いですけどね。

でも、色はちょっと変化しますね。やっぱり、いろんな色に変化はするので。

大川隆法　（ＵＦＯが）見えますか。木に隠《かく》れましたか。

質問者Ａ　ちょっと隠れてしまったかな。

大川隆法　ちょっと見えにくくなりましたね。

質問者Ａ　ああ、ありました。あら、木に隠れているのかな。点滅しています。

ヤイドロン　いちおう、機内にいるときはスーツを着ているので、スーツの色が変われば違うように見えると思いますけどね。青とか、赤とか、茶色とか、緑とか、いろんなものを着て。あと、階級が違うと、それらしいものを、違いを示す印《しるし》が付きますね、バッジみたいなのが。

エルダー星にある「魔法《まほう》」とは

質問者A　（UFOが）木に隠れてしまいました。

ヤイドロン　今日、ハロウィンで賑《にぎ》わっていましたね。

質問者A　ああ、そうですね。ハロウィンですね……。

ヤイドロン　過去の文明の宗教ですけどね。見ていたことはありますけれども、私もね。

質問者Ａ　そうなんですね。（北欧《ほくおう》の主神）オーディン様とはまた違うところなんですか。

ヤイドロン　まあ、根源はそのへんではないですか。おそらくね、根源はね。オーディンさんの宗教のところはあんまり説かれていないけれども、ヘルメス神（約四千三百年前のギリシャの英雄《えいゆう》）の前の段階で、あったと思いますよ。北欧ね。北欧だって光があったことがあるんでね。

質問者Ａ　エルダー星には、魔《ま》法《ほう》とかはあるんですか。

ヤイドロン　ありますよ。うん、それはありますよ、当然。

質問者Ａ　あるんですね。へえー！　例えば、どんな……？

ヤイドロン　そうですね。代表的な魔法だと、やっぱり「遠隔地《えんかくち》に姿を現す」というのが一つですよね。

質問者A　遠隔地に……、あっ、瞬間《しゅんかん》移動？

ヤイドロン　そうですね。だから、本当はホログラムみたいなものなのかもしれないけれども。まあ、魂《たましい》も絡《から》めてですけど、例えばね、エルダー星にいて地球に姿を現すことも可能なんですよ。そういうことは可能なんで。

質問者A　それは、「念で」ということですか？

ヤイドロン　だから、この円盤《えんばん》のなかには、実際に乗っている乗務員もいますけれども、エルダー星にいながら……、何かほかの仕事でエルダー星に帰っていても、必要なときは、そうした遠隔地に念で移動するみたいなことは可能。

質問者Ａ　すごいですね。

ヤイドロン　うん。そういうこともできるし、あまり日本では使わないんですけれども、いわゆる竜巻《たつまき》を起こしたり、雷《かみなり》を起こしたりするのは、けっこう自由にできますね。雹《ひょう》を降らせることもできます。このへん、できるんですよ。

まあ、自然現象だと思っているでしょうけど、必要があればね、やれます。それはします、うん。だから、「天から火が降ったり、火の玉が降ったりする」というのがありますけれども、そういうのはできます、必要があれば。いや、私たちには、そんなの自由自在です。

エルダー星とエル・カンターレのかかわりについて

質問者Ａ　エルダー星にも神様はいらっしゃるんですか。

ヤイドロン　ああ、いますよ。それはいますね、うん。

質問者Ａ　お名前はどんな……。明かせるんでしょうか。

ヤイドロン　うーん、まあ、神様……。どこまでを神様というのか分かりませんが。うーん……、まあ、私も最高ではないんですけれども、地球で言うと、救世主レベルにかなり近い存在ではあるんですよ。

質問者Ａ　そうですよね。

ヤイドロン　で、そういう人間的な動き方をする者と、その上にね、エルダー星にも「進化の神」みたいなものが存在はするんですよね。「進化の神」は存在します。でも、これはですね、もしかするとエル・カンターレの分け御魂《みたま》かもしれない。

質問者Ａ　ですよね。

ヤイドロン　うん。と思っています。

質問者Ａ　ヤイドロンさんが、ここまでエル・カンターレに近いので、絶対にそうですね。

ヤイドロン　ええ。いや、分け御魂なのではないかと思います。

質問者Ａ　エル・カンターレも、きっと進化に作用はあると思うので。

ヤイドロン　来年（二〇一九年）は映画で、例えば、「僕《ぼく》の彼女は魔法使い」とか、「世界から希望が消えたなら。」とか、今年（二〇一八年）は「宇宙の法―黎明《れいめい》編―」もやっていますけれども（いずれも製作総指揮・大川隆法）、こんなのも、魔法にかなり近い力がいっぱい出てきますよね。そういう超能力《ちょうのうりょく》が出てくるではないですか、「宇宙の法」でもね。

あと、来年、「魔法」も出てくるけれども。

いや、根源は……。うちだって、天変地異的なものまで含《ふく》めた、いろんなものが起こせるので。

だから、「魔法のあり方」として、先ほど言いましたように、自分が遠隔移動できる姿で現せるものもありますが、それ以外にも、例えば、もちろん、いわゆる「フォース」ですよね、念動《ねんどう》で物を動かせる力、雨を降らせる力、雹を降らせる力、風を吹《ふ》かせる力、つむじ風や竜巻、海を荒《あ》れさせる力、みんな持っていますよ。

質問者A　今、そのお話を聞いていて思ったんですけれども、そういえば、イエス様も山を粉砕《ふんさい》できるのではなかったですか。

ヤイドロン　ああ。「この山動きて海に入《い》れ」という力で、したやつね。

質問者A　そう、それです。

ヤイドロン　うーん、まあ、あれは「思いの力」と「祈《いの》りの力」のこととかを言っているんだけど、人間がそう思えば、できないことはないということは、そうですよね。実際、現代ではやれなくはない。ね？　六甲山《ろっこうさん》を崩《くず》して、埋《う》め立てしたんでしょ？

質問者A　そうですね。

ヤイドロン　ね？　神戸《こうべ》の街とか、だいぶ変えて。ね？　そういうこともして、ポートピアをつくったんでしょ？　おかげで地震《じしん》が起きたかもしれないけれども。
　だからね、天変地異は起きますし、われわれは、ある程度、それを予知しているものもあるし、あとのフォローもしていますけどね。これからもいろんなことが起きますけれども、いちおう全部、将棋《しょうぎ》の駒《こま》を読むように読んではいるんですよ。
だけど、最終的には「神の芸術」の領域に入っているんでね。
だから、私たちの星は、そうした「進化の神」の系譜《けいふ》を引きながら、やっぱり、ちょっと超自然的現象を起こせる、まあ、科学的パワーでもあるし、霊的《れいてき》パワーでもあるようなものを持っているんで。「魔法使い」という分類をされればそうかもしれないけれども、魔法使いを超《こ》えているかもしれませんね、たぶんね。

質問者Ａ　超えていますね。記録に遺《のこ》っているような、言い伝えられているようなモーセ様のパワーに似ているということですよね？

ヤイドロン　そうですね。だから、「天地創造」ができる人は、その前の段階として、いろんなことができなければ、やっぱり、いけないよね。
だから、川の水を逆流させるぐらいのことは、やろうと思えばできなくもないですよ、ええ。

質問者Ａ　できるんですか。すごいなあ。

ヤイドロン　私たちは、そういう重力とか引力とか、いろんなものをいじれるものをまだ持っていますからね。

質問者Ａ　なるほど。

大川隆法　（ＵＦＯが）見えなくなりましたか。

質問者Ａ　ちょっと画面に……。

大川隆法　木がかかってきましたね。

質問者A　最後に、このリーディングでお答えいただけるか分からないんですけれども、エルダー星にエル・カンターレの分身がいらっしゃるということで、そのお名前を教えてもらってもよろしいでしょうか。

ヤイドロン　「そちらからこちら」にね、「地球に呼ばれて来た」っていう以上ね、それは、これがどこまで本物で存在しているのか、〝出張〟してきているのかは、私たちはちょっと分からないものはあるんですけれども。

あの……、意外にですね、ちょっと、ほかの名前と紛《まぎ》らわしいんですが、私たちは「マイトレー」という名で呼んでいるんですよ。

質問者A　あっ！　そうなんですか。

ヤイドロン　ちょっと、ほかのと間違いやすいし、ほかのにもそんな名前が多いので。

質問者Ａ　「マイトレーヤー」じゃなくて、「マイトレー」？

ヤイドロン　マイトレーと呼んでいるんですよ。マイトレーと呼んでいるんですけれども。だから、何かね、男性なのか女性なのかが、ちょっとよく分からないんですよ（笑）。

質問者Ａ　あっ、そうなんですか。ちょっと、それは面白《おもしろ》い（笑）。

ヤイドロン　女性のような面も持っていらっしゃるんですよ、ええ。だから、怒《おこ》ったときは、女性がいちばん怖《こわ》いでしょう。男性より怖いから、うん。

質問者Ａ　確かに、女性の場合は、「ワアーッ」と言って、理性的じゃない怒り方……。

ヤイドロン　いや、優《やさ》しいときもあるんだけど、怖いときもあるんですよね。「マイトレー」と呼んでいるんですけれども、それは地球のマイトレーヤーとかいろいろ言っているのと、どこまで関係があるかは私たちにはちょっとよく分からないんですが、マイトレーという存在はいらっしゃいます、エルダー星にね。で、「進化の神」に関係して、「奇跡《きせき》」や「進化」に関係しております。

質問者A　あっ、いちおう「奇跡」も関係あるんですね。

ヤイドロン　ありますね。

質問者A　やっぱり、いろいろ、そういう御業《みわざ》を起こせるということで。

ヤイドロン　うん、だからね、「物があって、法則がある」と思っているけど、「物をつくり出す前の力」があるんですよ。

質問者Ａ　なるほど。

大川隆法　ああ、また動いていますね。

質問者Ａ　動いていますね。

大川隆法　激しく横に動いていますけど。揺《ゆ》らいでいるんですけれども。

ヤイドロン　そうなんです。マイトレーという方がいらっしゃるんで。

質問者Ａ　それは新たな発見です。

ヤイドロン　ただ、本当にエルダー星の上に存在するのか、あるいは、地球の、地球神の分け御魂的に〝出張〟してきているのか、このへんについては、よくは分からないところがございます。

質問者A　なるほど。そういうことなんですね。

ヤイドロン　ただ、今日言いたかったのはね、「小さく考えたり落ち込《こ》んだりしないで、これから数年以内に、大きな地球的規模での歯車が回りますから、いちおう、それに堪《た》える力を持ってくださいね」ということが言いたかった。

明日《あした》もまた会合とかもあるし、いろいろあるけど、歯車は回りますよ。もっと世界に向けて知られるようになりますよ。それが目的ですからね。

私たちはいざとなれば、いろんなそういう……。最後はね、最後はいろんな現象を起こします。そこまで必要であればね。

ただ、そうでなくて、「説得」とか、「言葉」、あるいは「思想」、こういうものでやれる場合はそれでやりますけれども。それを超えた場合もあります。

質問者Ａ　うん、うん。分かりました。
では、今日はこのへんで。

ヤイドロン　はい。ありがとうございました。

質問者Ａ　本当にありがとうございました。

第4章　メシア星の役割とエルダー星の神の使命

——ＵＦＯリーディング17——

二〇一八年十一月十一日　収録

幸福の科学　特別説法堂《せっぽうどう》にて

質問者

大川紫央《おおかわしお》（幸福の科学総裁補佐《ほさ》）

［役職は収録時点のもの］

〈リーディング収録の背景〉

二〇一八年十一月十一日、アンドロメダ銀河エナジー星のＵＦＯリーディングが行われた。そのなかで登場したゴジラ型宇宙人は、「ヤイドロンに雇《やと》われた〝対レプタリアン用生物〟で、警察官の役割をしている」「インドラ（帝釈天《たいしゃくてん》）と称《しょう》し、仏陀《ぶっだ》を護《まも》っていた」「天御祖神《あめのみおやがみ》に、今もお仕えしている」などを語った（『「ＵＦＯリーディング」写真集２』〔幸福の科学出版刊〕参照）。本章のリーディングは、そのゴジラ型宇宙人のリーディングの収録のときに、上空に現れていたＵＦＯを調べるため、引き続き収録を行《おこな》ったものである。

1 「宇宙の魔法《まほう》」の源《みなもと》とは

ヤイドロンが使う「宇宙の魔法」とは

大川紫央　ちょっとお待ちくださいね。

大川隆法　もうすぐ木に隠《かく》れてしまうかな。さらに下がってきているので……。

大川紫央　はい。（カメラに）撮《と》っています。（画面の）上のほうに（ＵＦＯが）映っています。

大川隆法　はい。いきますか。ヤイドロンさん、ヤイド

2018年11月11日、東京都上空に現れたUFOの画像。

ロンさんですか。

ヤイドロン　はい、ヤイドロンです。

大川紫央　いつもありがとうございます。目視でも、いちばん最初にお話ししたときより、（ＵＦＯの）位置がけっこう変わっておられまして。

ヤイドロン　それは、（先ほど）こちらのエナジー星人（『「ＵＦＯリーディング」写真集２』参照）と話していたから、私も、ちょっと近づいただけで（笑）。

大川紫央　今日は初めて帝釈天《たいしゃくてん》系の（宇宙人の）方が。

ヤイドロン　ああ、それね。まあ、出てもいいかもね。

『「ＵＦＯリーディング」写真集２』（幸福の科学出版刊）

大川紫央　「自分たちが警官だとしたら、ヤイドロンさんは警視総監《そうかん》みたいな存在だ」とおっしゃっていました。

ヤイドロン　うーん、私は警官ではないんだけどね。私はいちおう警官ではなくて、神通力《じんつうりき》を使うので。

大川紫央　ああ、そうか。救世主レベルの？

ヤイドロン　いちおう、超能力《ちょうのうりょく》のほうを使う「超能力警察官」というのがあれば、それはそうかもしれないが。

大川紫央　すみません。お訊《き》きしたかったことがあるんですけれども。

ヤイドロン　はい。

大川紫央　（ヤイドロンさんのお話を）お聴《き》きしていると、地球では、モーセ様が海を割ったとか、似たような御業《みわざ》を使われたような気がするんですけれども、ご関係はあるのでしょうか。

ヤイドロン　今、あなたがたが（映画製作に）取り組んでいる「魔法使《まほうつか》い」（映画「僕《ぼく》の彼女は魔法使い」）の一人でしょうから。

大川紫央　あっ、モーセ様も〝魔法使い〟なんですか。

ヤイドロン　杖《つえ》を使うでしょ。杖を使うから。杖を使って蛇《へび》に変えたり、杖を使って川を真っ赤《まか》にしたり、杖を使って海を割ったりとか、杖を使いますよね。それから、兄のアロンも杖を使いますね。

大川紫央　〝魔法使い〟なんですね。

ヤイドロン　魔法使いの杖ですね。持っているんで、モーセもいちおう魔法使いですね。魔法使いなんですけど、まあ……。

大川紫央　ヤイドロンさんたちと、必ずしも一緒《いっしょ》ではない？

ヤイドロン　私たちよりは、地上的な魔法使いですね。

大川紫央　（ヤイドロンさんたちは）もっと宇宙的なんですか。

ヤイドロン　うん。私たちは、もうちょっと宇宙的ですね。「宇宙の魔法」というのは、もっと限度を超《こ》えてますよ。

大川紫央　「宇宙の魔法」って、かなり壮大《そうだい》ですね。

ヤイドロン　それはそうですよ。それを知らないと、「神の創造力」というのは分からないと思いますね。

実験でね、いろんなことをやってもいい星と、今はやらないほうがいい星とあるわけですよ。だから、今、地球がね、どっちかといえば、科学的、合理的に動いているのでね、あんまり、そういうものは強くは出さないようにはしているんですけどね。

大川紫央　なるほど。では、もっと出そうと思えば、本当は出せるんですね？

ヤイドロン　それは、いざとなればやりますよ。

大川紫央　でも、エルダー星のなかでも、ヤイドロンさんはそういうものを使えるけれども、ほかの方々は使えるわけではないんですよね？

ヤイドロン　いや、みんなちょっとずつ何かを持っていますよ。レベルに差はありますけど。私は、救世主レベルに近いことはやりますがね。

大川紫央　なるほど。

ヤイドロンが自由自在に使えるエネルギーについて

大川紫央　ここで訊いていいか分からないんですけれども、最近、宇宙との交流も多くなってきたので、この間、テレビで何でしたっけ、バシャー……。

ヤイドロン　バシャール？

大川紫央　バシャールさん。

ヤイドロン　ああ、はい。エササニ星のね。

大川紫央　そうそう。それが出てきて、総裁先生は、その本を読み直されたりしていたんですけれども、お姿を聞いていると、やっぱりグレイ（サイボーグ型宇宙人）に近いのかなと。

ヤイドロン　まあ、そうでしょうね。

大川紫央　普通《ふつう》によくいる宇宙人という感じの方なんですか。

大川隆法　（ＵＦＯが）どんどん右に動いていくね。

大川紫央　本当ですね。

ヤイドロン　まあ、あれは、やっぱり間接的にやっているんですよね。宇宙人が、直接（チャネラーの）ダリル・アンカに通信を送れるレベルまで行っていないんで。グレイを通じてやっているんですよね。まあ、何人かはいると思いますけれども。

大川紫央　でも、「エササニ星人からのメッセージ」ということでしょうか。

ヤイドロン　まあ、そう称《しょう》していますね、いちおうね。だけど、グレイですよね、直接送っているのはね。だから、内容はちょっとそんなに膨《ふく》らまないですね。〝頭〟がそんなにないので。

大川紫央　魔法の話に戻《もど》りますが、ヤイドロンさんのクラスになると「魔法」と言っていいか分からないんですが、その源《みなもと》は何になるんですか。思いの力？

ヤイドロン　うーん……、宇宙のね、まだ「未知のエネルギー」もあれば、それから、いわゆる、宇宙を構成している、あなたがたは「ダークマター」とか最近言っているけど、まだ分からない物質があるんですよ。そういうものを自由自在にちょっと使えるんですよ、私たちはね。

大川紫央　使えるんですね。それは、地球人ではない感覚で……。何だろう、唯物《ゆいぶつ》論《ろん》的ではないからですか？

ヤイドロン　うーん……。それぞれの星の文明の発展段階があるんでね。まあ、理解できる範囲《はんい》内でやるんですけどね。

例えば、たぶん、ダリル・アンカにバシャールも言っているのではないかと思うけれども。「木星の近くにはもう一つの惑星《わくせい》があったのが、破壊《はかい》されている」というようなことを確か言っていると思うんですが、うん。実はあったんですけど、本当に核《かく》兵器みたいなものでバラバラにして、今、隕石群《いんせきぐん》になっているところもあります。

それから、「月にも宇宙人が六種類ぐらい来ている」とか言っていたんでしょう？ テレビでね。そのとおりたくさん来ていますし、月や火星をめぐって、けっこう宇宙戦争は起きているんですよね、すでにね。あなたがたが何も知らない昔ですがね。起きているし、今も存在はしているので。

もうちょっと意識が進めば、話してみてもいいかなとは思っているんですけれども。

大川紫央　ああ、なるほど。

2　エルダー星の神の使命について

エルダー星の神とガイアの魂《たましい》との関係

大川紫央　この間、マイトレー様（本書第3章参照）というお名前が出ました。

ヤイドロン　はい、はい。

大川紫央　「エルダー星の神」と呼ばれる方のお名前。

ヤイドロン　はい、はい。

大川紫央　マイトレーさんのお姿について、お訊《き》きしてもいいでしょうか。

ヤイドロン　マイトレーさんは、やっぱり、あれじゃないですか。あなたがたの（映画）「宇宙の法」で言うと、ガイア様の「人間変身」したようなお姿ではないですか。

大川紫央　「人間変身」した姿でいいんですか。

ヤイドロン　うん、基本形はね。

大川紫央　スフィンクスのほうではなくて。

ヤイドロン　ではなくて、「人間変形」したほう。まあ、羽がありますけれども。確かに、天使の羽みたいな大きい羽がありますけれども、「人間型」だと思う。畳《たた》める羽ですから。

大川紫央　へえ……。では、女性……。

ヤイドロン　マイトレーさんって、あなたのことですよ。

大川紫央　ええっ!?

ヤイドロン　「あなたのこと」って言ったらいけないから。あなたの魂《たましい》と関係のある人ですよ。

大川紫央　あっ、そうなんですか。

ヤイドロン　宇宙人にも仲間がいるんです、本当は。黙《だま》っているだけで、いるんですよ。

大川紫央　まあ、それはいますよね。では、やっぱり仲間なんですね。

ヤイドロン　うん、そうなんです。いるんですよ。

大川紫央　ありがとうございます。「神」とか（言われるのは）申し訳ないんですけれども。

ヤイドロン　そういう使命、警備の使命は一緒《いっしょ》だからね。

大川紫央　そうですよね。さっきの帝釈天《たいしゃくてん》の方のお話を聴《き》いていても、宇宙人的には仲間というか、同じ役割を担《にな》っておられるんだなって。

ヤイドロン　うん、役割は一緒なんですよ。

「メシアを持つ星」を護《まも》らなければならない理由

ヤイドロン　あのね、星における、何て言うか、うーん……、メシア？　メシアを持っている星というのはやっぱり貴重なんですよ。メシアがいない星も多いので。メシア星というのは大きくて。そこで、いろんな人類型のものが生きていますのでね。メシア星というのはね、とても大事で、護《まも》らなければいけないんです、本当に。

大川紫央　（カメラを）ちょっと動かします。

ヤイドロン　シップ（宇宙船）が移動しているので、映りにくいと思います。

大川紫央　ちょっとだけ……。見えますか。

大川隆法　はい。だいぶ低いところに、今、降りているんですよね。そんなに高くなくて、高さ四百メートルぐらいのところにいます。

大川紫央　四百メートル。けっこう低いですね。

大川隆法　はい。

大川紫央　「救世主が生まれられる星」というのが、要するに、今の地球であったり……。

ヤイドロン　はい、そうです。

大川紫央　（かつての）金星とか？

ヤイドロン　はい。それに、地球には救世主もいるけど、「救世主の予備軍」になるような人も育てなければいけないのでね、今ね。だから今、それを養成しているので。

大川紫央　「救世主の予備軍」を地球で？

ヤイドロン　そう、養成しています。弟子《でし》たちですね。養成しているし、あと、海外伝道をこれからもまたするんでしょうけれども、大事なことで。やっぱり海外に光を広げなくてはいけませんので。私たちの警備の責任も重くなりますけれども、いろんな国で邪魔《じゃま》が入らないように護ります。

大川紫央　ドイツ（講演）とか、とても心強かったです、本当に（『Love《ラヴ》 for《フォー》 the《ザ》 Future《フューチャー》』〔幸福の科学出版刊〕参照）。

ヤイドロン　タイだってね、ちょっと邪魔が入らないように、さっきの人、帝釈天もタイの防衛に入っていると思います。

大川紫央　仏教系にも唯物論《ゆいぶつろん》的なものがありますよね。

ヤイドロン　タイの小乗《しょうじょう》仏教のなかにもね、悪魔霊界《れいかい》があるはずです。だから、邪魔しているんですよ。仏陀《ぶっだ》の再誕をね、押《お》しとどめようとする勢力がいるので。これを今、破らなければいけないため、攻撃《こうげき》を受けると思うから、ちょっと、われわれも力を貸さなければいけないと思っている。

大川紫央　なるほど。へえー、エナジー星ですか……。

ヤイドロン　〝ゴジラ〟が六十五匹《ひき》もいるんだから、それは役に立つでしょう。

大川紫央　強いは強いですよね。

ヤイドロン　向こうも数がいるかもしれないから。魔の軍団もね、組織化されているると数が千もいることがあるから。ああいう小乗仏教みたいに集団で修行《しゅぎょう》しているところだと、魔も軍隊のように組織化していることがあるので。だから、実際の軍隊にも（魔が）入っているかもしれないけれども、ちょっと力が要《い》るんです。

まあ、私たちもやりますけどね、いざとなれば。大丈夫《だいじょうぶ》ですけれども、戦いますから。妨害《ぼうがい》する者とは戦いますので。

やっぱり、ほかの宗教をね、根城《ねじろ》にした魔界もあるので。けっこうこれは手強《てごわ》いし。

大川紫央　そういう勢力も、宇宙との関連があると考えてよいのでしょうか。

ヤイドロン　まあ、「裏宇宙」といわれるもののなかから、一部、関係性があるものもあると思いますね。ダハールさんみたいにね。「裏宇宙」から糸を引いている者があると思う。

だから、地球的に地獄《じごく》に閉《と》じ込《こ》められた悪霊《あくれい》たちもいますけれども、宇宙的に「裏宇宙」のほうに封印《ふういん》された者がいるんですよね。そのへんを知っていないといけませんね。

大川紫央　なるほど。いやあ、お話が壮大《そうだい》になってきました。

ヤイドロン　天国・地獄も地球レベルだけではなくて、太陽系レベル、天《あま》の川銀河《がわ》レベル、それから、もうちょっと大きな、宇宙連合レベルでの天国・地獄とがあるんですよね。まあ、それはしかたがないので。宇宙は、「どちらが主導権を握《にぎ》っているか」にもよるんでね。

本当の銀河の歴史の攻防戦まで話をするとしたら、そうとう長い物語になるので。ただ、大川総裁は、長く生きられたら、実は「宇宙の攻防戦」まで、「宇宙史」にまで入る可能性はあると思っています。私たちも知っていることはいっぱいあるし、説けると思います。

大川紫央　本当に総裁先生の使命は大きいんですね。

ヤイドロン　いや、あなたの使命も大きいですよ。マイトリーさんの……。

大川紫央　では、マイトレーは、エルダー星に生まれたことがあるということ？

ヤイドロン　だから、あなたも戦闘《せんとう》性があるということです。

大川紫央　それはありますよね、どう見ても。

ヤイドロン　どう見てもありますよね。だから、そちらのほうで、戦闘力のあるやつを養っている。養っているというか、飼っているというか……。

でも、「(エルダー星に) いるかもしれないし、もしかしたら地球にいるかもしれない」と言っていたでしょ (本書第3章参照)？

大川紫央　マイトレーさんが？

ヤイドロン　マイトリーは……。

大川紫央　あっ、マイトリーさん。

ヤイドロン　（エルダー星に）ずっといるかいないかは分からないと言わなかった？

大川紫央　ああ、おっしゃっていましたね。

ヤイドロン　でしょう？　「いるような気がするけど、地球にいるような気もするし、よく分からない」と言っているでしょう？　だから、エルダー星はね、〝千葉道場〟みたいなものです。

大川紫央　（笑）一気に〝小さくなった〟気がします。

ヤイドロン　ああ、小さくなりました？　すみません。

大川紫央　千葉道場なんだ。じゃあ、ヤイドロンさんには、ずっとお世話になっていたんですね？

ヤイドロン　まあね。

大川紫央　でも、エル・カンターレとも、みなさんつながっていますものね。

ヤイドロン　そうですね。そういう考え方もできる方ですからね。
今、私たちみたいな防衛力を持っている者が来ているということは、やっぱり、

「大きな使命がまだ待っている」ということですよ。

大川紫央　そうですね。エル・カンターレには。

ヤイドロン　ええ。そんなに小さくない。だから、幸福の科学が小さいと困るんですよ。しっかりしていただかないと。

大川紫央　そうですね。分かりました。

ミトラ教の信仰《しんこう》のもとになった女神《めがみ》

大川隆法　こんなものでいいですか。ほかに訊きたいことはないですか。

大川紫央　（ヤイドロンさんは）何か言いたいことはありますか。いや、本当は（こちらも）もっと細《こま》かくいろいろと訊くことはあるんでしょうけれども。

大川隆法　冬場になると、外に出にくくなるから。

大川紫央　また機会を設《もう》けて、ほかの方から詳《くわ》しく訊いてもらっても面白《おもしろ》いかもしれません。

ヤイドロン　ダリル・アンカのバシャールあたりは、あなたがたから見れば、ずーっと下のレベルですので、あまり相手にするほどのものではないと思いますね。（あなたがたのほうが）ずーっと上ですから。全然違《ちが》っているので。ええ。

大川紫央　では、役小角《えんのおづぬ》……。

ヤイドロン　ああ、役小角ね。

大川紫央　役小角のような人もエルダー星から来たみたいなことを、（ヤイドロンさんが）いちばん最初に出てこられたときにおっしゃっていましたが（『ＵＦＯリーディングⅠ』〔前掲《ぜんけい》〕参照）。

ヤイドロン　ああ、あれも、やりますからね。

大川紫央　だから、陰陽師《おんみょうじ》系なのか、私。

ヤイドロン　うーん。あれも空を飛ぶしね。いちおう、「雲に乗って、富士山《ふじさん》まで飛んでいく」と言われているけれども、ＵＦＯですよね。

大川紫央　（笑）なるほど。

ヤイドロン　パンダだったら、どうします？　角《つの》一つの。

大川紫央　今度、〝パンダ〟は角が出ますからね（笑）（映画「宇宙の法―エローヒム編―」）。

ヤイドロン　（笑）

大川紫央　もう、そう……。ええ、ありがとうございます。

ヤイドロン　ええ。だから、あなたの秘密の一つが明かされましたね。

大川紫央　いちおう秘密の一つでよろしいんでしょうか。

ヤイドロン　ええ、「マイトリー」というのは、「慈悲《じひ》」の変形ですからね。「ミトラ教」というのがありまして、これがマイトレー信仰《しんこう》のもとなんですけどね、ええ。

映画「宇宙の法―エローヒム編―」（製作総指揮・原作 大川隆法、2021年秋公開予定）

これはイランあたりの宗教ですけどね、「ミトラ教」という。本当は女性なんです、これ。神様としてはね。マイトリーが、あそこのへんに姿を現したことがあるんですよ。

大川紫央　そうなんですか。

ヤイドロン　そうですよ。

大川紫央　では、「私（の魂は）、宇宙的にも女性もいる」ということでいいんですか。

ヤイドロン　ええ。変化するときには、ライオンの体に羽が生《は》えている姿に変化するんです。だから、映画（「宇宙の法―黎明《れいめい》編―」）どおりなんです。あのとおりなんです。あんな形で現れるんです、戦闘モードのときね。

大川紫央　どうもありがとうございます。（ヤイドロンさんに）とても親近感を感じていたわけがよく分かりました。

ヤイドロン　はい。仲間なので、みんな。護っているんですね。決してグレイごときにいたずらされないように、ちゃんと護っていますから。

大川紫央　ベガ星のマカロンさんも、「隆一《りゅういち》君や咲也加《さやか》さんたちみんなに対して、そういうアブダクションをさせない」というのはおっしゃっていたので（『ＵＦＯリーディングⅠ』参照）、みなさん……。

ヤイドロン　将来のね、彼も……。

大川紫央　立派になってもらわないといけませんからね。

ヤイドロン　まあ、ヒーローですからね。日本の最大のヒーローの一人ですから。

大川紫央　はい。本当にありがとうございました。

ヤイドロン　はい、どうも。

大川紫央　引き続き、総裁先生のことをお護りください。

ヤイドロン　はい、はい。

大川紫央　ありがとうございます。

第5章　地球規模で起きている「闇宇宙《やみ》」との戦い

――UFOリーディング18――

二〇一八年十一月十五日　収録
幸福の科学　特別説法堂《せっぽうどう》にて

〈リーディング収録の背景〉

二〇一八年十一月十五日、「毛沢東《もうたくとう》の霊言《れいげん》」を収録したところ、中国（中華《ちゅうか》人民共和国）建国の父・毛沢東は、死後、地球最大級の悪魔《あくま》となり、闇《やみ》宇宙ともつながりを持っていることが判明した（『毛沢東の霊言』〔幸福の科学出版刊〕参照）。同日の夜、本ＵＦＯリーディングが行われた。

唯物《ゆいぶつ》的な宗教や政治とつながりを持っている「闇宇宙《やみ》」について

（ＵＦＯに乗っているヤイドロンとの対話が始まる）

ヤイドロン　「（中国の毛沢東《もうたくとう》に対しての）『偶像崇拝《ぐうぞうすうはい》』を、やっぱり打ち砕《くだ》かないと駄目《だめ》なやつではないかな」と思ってはいたんだ。あるいは、尊敬している以上は護《まも》るから、あれ（毛沢東）をね。だから、尊敬すべきものではないことを、はっきりさせたほうがいいのではないかなと思う。うん。

まあ、でも、闇《やみ》宇宙の帝王《ていおう》につながる者にはっきりと焦点《しょうてん》を絞《しぼ》っただけでも、すごいんじゃないかな。闇宇宙のほうは、たぶん、裏は、あちらのアルカイダやＩＳ（イスラム国）とかにもつながっていると思うよ。

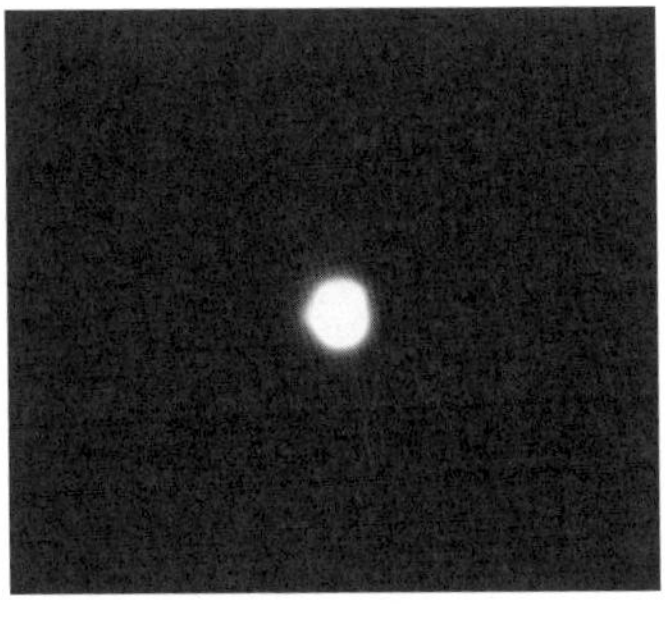

2018年11月15日、東京都上空に現れたUFOの画像。

質問者A　ああ！　「イスラム国」の。つながっているんですか。

ヤイドロン　うん。あっちも、「闇」はほかにもあると思うよ。つながっていると思う。幾《いく》つか持っていると思うよ。

質問者A　なるほど。なるほど。

ヤイドロン　やっぱり、これと戦うのが、あなたがたの使命だからね。

質問者A　やっぱり、「共産主義」とか……。

ヤイドロン　うん、地球の闇をね。

質問者A　イスラムの、ちょっと〝暗黒な部分〟とか。

ヤイドロン　うん。そう。仏教にも実はあるのが、もうすぐ分かるだろう。

質問者Ａ　〝仏教の「唯物論《ゆいぶつろん》」〟ですね。

ヤイドロン　うん。たぶん、タイで見つけるだろうね。

質問者Ａ　闇宇宙ともつながっているんですね。

ヤイドロン　つながっている。「出口」が、宗教に関連しても、政治に関連してもあるということだね。

中国が一見、発展しているように見えて、その陰《かげ》で闇宇宙とつながっていて。闇宇宙から送り込《こ》まれている者は、ほかにもたぶんいるはずだから。いずれ、順番に出てくるとは思うけどね。

質問者Ａ　毛沢東は、自分が闇宇宙（につながっている）と自覚していましたよね。

ヤイドロン　あなたがたが「宇宙の法」のところまで自覚が進まないと、そこまでは暴《あば》けないんだよ。

だから、「ここを地獄《じごく》」と思わない、〝もう一つの世界〟があるんだよ。

質問者Ａ　なるほど。そちらの価値観が……。

ヤイドロン　もう、別の世界につながっていると思っているので。そうなんだよ。

だから、別の意味での〝スーパーパワー〟、まあ、君たちが言う「黒魔術《くろまじゅつ》」の超能《ちょうのう》力《りょく》かもしれないけど。別の〝スーパーパワー〟は、いちおう〝神〟と言っているけれども、別の〝スーパーパワー〟自体はありえるんだ。

『毛沢東の霊言』（幸福の科学出版刊）

やっぱり、何かそれだけの仕事を……、大勢の人を殺して、崇拝されて、権力を振《ふ》るった者には、何らかの巨大《きょだい》な念力《ねんりき》やフォースが身にはつくのさ。

質問者A　ヒットラーも、ちょっと、黒魔術の……。ちょっとというか、だいぶ、あれでしたもんね。

ヤイドロン　ダース・ベイダーみたいになるんだよ。そういう力を持って、それを〝神〟と称《しょう》することは、まあ、個人的には本人が言うことはあるだろうけどね。ただ、地球的に見て、それは神とは認められないだろうけどね。宇宙的にも、私たちは認める気はないけどね。

宇宙を網羅《もうら》している闇《やみ》の世界が存在する？

ヤイドロン　だから、闇《やみ》のフォースの一端《いったん》に、今日、触《ふ》れたんだよ。そんなに簡単にね、「地獄に堕《お》ちました。残念です」とか、「悔《くや》しいです」とか、

「悲しいです」とかいうレベルと違《ちが》うものがあるんだ、まだ。

質問者Ａ　その価値観を是《ぜ》とするグループというか、集団がまだいるから……。

ヤイドロン　その世界はね、宇宙のほかの部分とつながっているんだよ。うん。ほかのね……、実は、地球神が宇宙神につながっていくようにね、そちらも、また……。

まあ、「パラレルワールド」と最近よく言っているけれども、その闇の世界で、宇宙をまたまた網羅《もうら》している世界があるのさ。出てこられるところがあるんだよ。

質問者Ａ　果てしないですね。

ヤイドロン　果てしないよ。それから、おそらく……、おそらくというか、（マゼラン銀河の）β《ベータ》星なんかもかなりやられたけど、これは、やられてそのまま地獄にいるわけではなくて、地下のルートを通ってほかの宇宙に出て、今、破壊《はかい》工作をやっている人たちもいるはずだ。

質問者A　ああ。バズーカとか（『「UFOリーディング」写真集』参照）。

『「UFOリーディング」写真集』（幸福の科学出版刊）

ヤイドロン　うん、やっているのはいるはずだよ。

質問者A　では、今日のお話を聞いていても、「レプタリアンがすべて悪なのではなくて、やはり、その心において、地球神の光のほうにつく人もいれば、暗黒神のほうについてしまう人もいる」ということですね。

ヤイドロン　「肉体を持っているレプタリアン」といえば、それは地上的存在になってくるからね。だけど、「魂《たましい》」というものになると、ちょっと違ってくるからね。うん。
だから、残忍《ざんにん》さとかね、そういうものが強くなってくれば、「どっちが強いか」という、それは、やっぱり、「フォース戦」「フォースの戦い」になってくるからね。「より多く残忍であった者が上」という世界があるわけで、それを上と感じるわけね。下と感じない、上と感じる世界があるんだよ。

質問者Ａ　ああ、そうですね。やはり、「価値観が逆転してしまっている」ということですね。

ヤイドロン　そうそう。だから、「黒の魔法使い」もあれば、何と言うかな、「黒の神」がいるということだな。

質問者Ａ　ほかの星から地球に来た人々も、今、「どちらを選択《せんたく》するか」ということを迫《せま》られているわけですよね？

ヤイドロン　「暗黒の支配者がいる」ということで、ええ。

　でも、たぶんね、そういう闘争《とうそう》と破壊をした「暗黒の帝王」の手下でも、裏宇宙の世界を通して、いまだに闘争と殺戮《さつりく》がすごいところあたりには出られる可能性があるんだろうとは思うよ。それぞれの星において基準があるんで、〝出られる星〟があるんだと思うし。

　地球あたりでは、「動物の世界にしか出られない」というのもあるかとは思うけれども、もうちょっと、本当に、恐竜《きょうりゅう》が徘徊《はいかい》するような世界なら、出られるところもあるしね。人間も、もっと乱暴だろうしね。

　だから、いろんな星があるんだ。進化段階はいろいろあって、選び方はとっても難しい。

「毛沢東《もうたくとう》の霊言《れいげん》」ではっきりしたこととは

ヤイドロン　今日、毛沢東《もうたくとう》が……、まあ、古い人は分からないけれども、最近の人としては、これが「地獄の魔王のナンバーワン」であって、闇宇宙のほうともつながっているところあたりまで突《つ》き止めたということは、お手柄《てがら》だと思いますよ。

これで戦う相手がはっきりしてくるし、おそらく、次、〝バンコク・デンジャラス〟〝バンコクの恐怖《きょうふ》〟に出合うかもしれないし。

質問者A　本当ですか。

ヤイドロン　この前（二〇一二年）行ったウガンダにだって、隣《となり》のベナンにだって、ちゃんと、ブードゥー教の悪魔だって存在して、民族で殺し合っているようなあれにも、いるのはいるからね。

質問者A　毛沢東も粛清《しゅくせい》だけではなくて、「思想」としても広めているからですよね。やはり、毛沢東は「思想」を持っていますからね。

『大川隆法　ウガンダ　巡錫の軌跡』（幸福の科学出版刊）

ヤイドロン　そうだね。「思想」を持っているから、いわゆる〝教祖的な部分〟というか、〝神〟になる要素があるんだよね。

質問者Ａ　宗教を否定しつつも、人々を洗脳しているんですよね。

ヤイドロン　そう。〝自分の宗教〟。だから、マルクスもそうだが、〝自分の教義〟を一生懸命《いっしょうけんめい》に広めて、勉強をさせているからね。あちらも宗教以上の洗脳はやっていますからね。

質問者Ａ　そうですね。いや、再教育施設《しせつ》（強制収容所）をつくってやっていますからね。

ヤイドロン　怖《こわ》いですね。あれは、でも、戦わなければいけないでしょうね。

質問者A　ああ……、なるほど。

ヤイドロン　やっぱり、あれをやめさせなければ、西側入りはさせられないということだね。お金だけで入ってこようとしているけど、甘《あま》いな。

大川隆法　ああ、（ＵＦＯが）揺《ゆ》れているね。

質問者A　けっこう動いていますよ。

大川隆法　ここからだと、横揺れしているように見えるね。

質問者A　はい。なるほどね……。大変ですね、本当に。

ヤイドロン　まあ、でも、今日はお手柄ですよ。くたびれたなか、よく頑張《がんば》りました、ええ。

質問者Ａ　ヤイドロンさんと、あと、プーチン大統領の守護霊《しゅごれい》様も、「やはり、毛沢東の霊言《れいげん》をもう一回やらなければいけないんじゃないか」ということは以前おっしゃっていましたので。

ヤイドロン　これ、ターゲットがはっきりしないと戦えないでしょ？

質問者Ａ　そうですね。

ヤイドロン　メルケルさんあたりは、もう、本当は無神論に近い人だから。ね？　中国の発展を、〝数字だけ〟を見て判断しているからさ。

質問者A　危ないですね。光の天使でも一歩間違えると、みんな本当に危ないですね。

ヤイドロン　EUが戦い始めたら、アジア圏《けん》でも、中国の投資を受け入れるか、日米の投資を受け入れるかで、今、戦いが始まっているわけなんですよ、本当に。お金をもらったところは、そちらのほうに〝紐付《ひもつ》き〟になりますからね。頑張らないといけないんですね。本当にね、ええ。

質問者A　いやあ……。

ヤイドロン　怖いですね。

質問者A　怖いですね。

ヤイドロン　地球規模なんですよ、問題は。

質問者Ａ　分かりました。

ヤイドロン　まあ、そういう〝泥沼《どろぬま》の時代〟があるんだ。

例えば、昔でも、キリスト教が広がったときでも、三十年戦争とかやったことはあってね。あとで人口が、もう何分の一になったとかいうときもあるんですよ。すごいですよ。地上が〝地獄〟になるときがあるので。

だから、そういう時代に生きたやつが、やっぱりいるからね、それぞれね。まだ全部がつながってはきていないと思うけどね。

まあ、私の言うことはそういうところだけど、ほかにも（ＵＦＯが）いるかもしれないね、今日は。

質問者Ａ　分かりました。ありがとうございます。

第6章　「信仰《しんこう》の継承《けいしょう》」と「奇跡《きせき》の予言」

――UFOリーディング22――

二〇一八年十二月十三日　収録
幸福の科学　特別説法堂《せっぽうどう》にて

1　ヤイドロンの名前の意味とは

上空に現れた十機以上のUFOフリート

大川隆法　あの特殊《とくしゅ》な光は、本当に紐《ひも》でも付いているように一緒《いっしょ》に動いています。
（約十秒間の沈黙《ちんもく》）明らかに雲が後ろ側に見えるので、雲より下にいますね。雲より下にいる飛行物体です。

質問者A　（約五秒間の沈黙）ちょっとお待ちください。ここですよね……。ああ、いたいた。いたけどちょっと……。

大川隆法　いました？

2018年12月13日、東京都上空に現れたUFOの画像。

雲が裏にあるでしょう? でも、ちょっと、下のほうに引っ掛《か》かってくるね。高さは雲の下のほうです。今、ちょっと、雲のなかに一部分が入ってしまいました。もうすぐ出てくると思います。

全体的には、これはフリートがあると思います。散開していますけれども、おそらく十機を超《こ》えている。十機以上、散開していますね。

でも、中心はたぶん雲より下の所に光っているあの大きな光がメインで……。

質問者A 捉《とら》えられないです。

大川隆法 角度が難しいのですか?

質問者A 真上すぎて……。

大川隆法 そうですね。まあ、ほぼ真上にちょっと近いね。真上に近くて、高さはおそらく三百メートルぐらいかと思います。

（約五秒間の沈黙）護衛機が付いていますね。護衛機が何機か付いています。

質問者A　ちょっと待ってくださいね。このへんにあるはずなんですけど。

（約五秒間の沈黙）なんで入らないんだろう……。ありました！

大川隆法　入りましたか？

質問者A　入りました。

大川隆法　はい。では、今日は、たぶんＵＦＯフリートに近いぐらいの数が出ていますけれども、今、メインだと思う光を捉えているはずです。

先ほど、雲が後ろを通っていきましたので、雲よりも下側にあることは明らかです。雲の高さは、高くても、およそ三百メートル前後と推定されますので、星ではありません。高さとしては三百メートル以内ぐらいにいる物体です。
では、このメインのものに交信を開始します。
はい。このメインの光る物体よ。メインの光る物体よ。あなたは誰《だれ》ですか、教えてください。メインの光る物体よ、あなたは誰ですか。教えてください。

（約五秒間の沈黙）

「毎度、がっかりさせて申し訳ございません」って。

質問者A　（笑）ヤイドロンさんですね。

大川隆法　「ヤイドロンです」（笑）って言っていますね。
まあ、そうでしょう。たぶんそうだと思いましたが。メインでいますから。

質問者Ａ　（笑）いえいえ、がっかりしていませんよ。

ヤイドロン　がっかりするでしょう？　同じ人ばっかりじゃニュースにならないので。

質問者Ａ　いえいえ。ヤイドロンさんが存在することが、もう証明されますね。

ヤイドロン　この上空に、もう陣地《じんち》を張っていますから。すごいでしょ？　数が多いんですよ。今、散開しているんです、全体に。散開しているんです、今日、護衛機がそうとう。

質問者Ａ　今日はちょっとね、映る光がちょっと弱い……。ちゃんと捉えられているかな。

今日は重要な御法話《ごほうわ》（二〇一八年十二月十三日収録「天照大神《あまてらすおおみかみ》の信仰継承霊言《しんこうけいしょうれいげん》」）を……。

ヤイドロン　今日は、重要な法話がございましたよね。

護衛機がだいぶいる。周りに散開しています。上空を全面警戒《けいかい》中なんです。

質問者A　なるほど、なるほど。警備してくださっているんですね。

ヤイドロン　はい、しています。

質問者A　本当にありがとうございます。

ヤイドロン　信仰は大事です。とても大事です。

質問者A　はい。

『天照大神の「信仰継承」霊言』（幸福の科学出版刊）

大川隆法　ほかにも、星みたいに見えますけれども、みんな、二百メートルから四、五百メートルの高さに散開しています。ほぼ上空に展開しています。

質問者A　なるほど。今日は（カメラで）なかなか捉えられなくて、申し訳ありません。

大川隆法　まあ、このほぼ真上で角度が高いので、撮《と》りにくいと思うよ。

ヤイドロン　ただ、今、裏側に雲が移動しているのが見えるはずなので、雲よりも下を飛んでいます。それは分かるでしょ？

質問者A　はい。

ヤイドロン　私たちからも、今、本当に、あなたがたがそうとうズームアップ（拡大）して見えています。

質問者A　そうですか。

ヤイドロン　はい。

「主の一番槍《やり》」と語るヤイドロンと護衛編隊の様子

ヤイドロン　では、質問があったら、何でも。慣れすぎて、もう話題性もないかもしれませんが。

質問者A　何でもいいんですか。

では、ヤイドロンさんというお名前には、何か意味があるのでしょうか。

ヤイドロン　うーん……、そう来ましたか。
まあ、あえて、今の日本語で訳すとすると、何て言うか、まあ、「主の一番槍《やり》」というような感じぐらいの意味に取っていただいてもいいかもしれませんね。
質問者Ａ　なるほど。「主の一番槍」がヤイドロンさんなんですね。
ヤイドロン　はい。
質問者Ａ　ヤイドロンさんには、角《つの》は二本ありますか。
ヤイドロン　あります。
質問者Ａ　（角が）二本あるのと一本とで、違《ちが》いは何ですか。

ヤイドロン　ああ、うーん……、まあ、二本ありますと、こちらからの「発信」と、「受信」とが同時にできることがありますが、一本の方《かた》は、「発信する場合」と「受信する場合」は切り替《か》えないといけません。

質問者A　なるほど（笑）。では、やはり角は二本のほうがいいんですね。

ヤイドロン　まあ、同時に、二本を両方、「攻撃用《こうげきよう》」に使うこともできるし、両方、「受信用」に使うこともできるし、「交互《こうご》に使う」ことも可能になっています。

質問者A　今日は、ヤイドロンさんの部下の人たちはたくさんいますか。

ヤイドロン　はい。全体で十機超えていると思います。はい。もう、けっこう散開していますね。これはもう上空全体ですね、編隊を組んで散らばっていまして。緊密《きんみつ》に周回はしていないんですけど、私の護衛機がすぐ近くに二機います。それ以外は、周りにちょっと一定の距離《きょり》を取って、東西南北全部を護《まも》っています。

質問者A　すごいですね。

ヤイドロン　ええ。

質問者A　いつもなら、もっとはっきり映るんですけれども、今日は、なぜか機械の調子が悪いようで……。

ヤイドロン　うーん、まあ、ちょっと角度的に難しいのですかね。ちょっと撮りにくいですか。

質問者A　いちおう、かすかに映ってはいます。

ヤイドロン　さっき、かなり動きましたので。雲がね、かなり流れていて、ときどき遮《さえぎ》られることがあるので、どうしたら映りやすいかと思いながらも、飛んでいるんですけどね。

質問者A　ああ、本当にありがとうございます。

ヤイドロン　ちょっと、さっきよりだいぶ手前側に移動してきているんで、ええ。

質問者A　そうですね。だいぶ手前に移動されましたね。

ヤイドロン　手前に移動してきた。あの辺りにいたのをここまで移動してきたんで。距離的にはかなり移動してきています。

ヤイドロンと惑星《わくせい》連合の関係について

質問者Ａ　ちなみに、今日のＵＦＯはどういう形ですか。

ヤイドロン　今日のＵＦＯの形は、うーん……、「ペンタゴン型」に近くて、真ん中に球体が入っているやつですね。

質問者Ａ　「ペンタゴン型」で、真ん中に球体ですか。

ヤイドロン　何て言いますか、うーん、まあ、五角形にやや近いもので、真ん中が球体みたいになっている形のＵＦＯですね。

質問者Ａ　ああ、ちょっと雲が来てしまいましたね。

ヤイドロン　雲に引っ掛かってきましたが、雲より下にいるでしょう？　ね？

質問者Ａ　本当ですね。

ヤイドロン　だから、あれより下に飛んでいることは明らかですが、下のほうの雲に引っ掛かることがあるんです。

質問者Ａ　ああ。映っているかなあ。あっ、かすかに。

大川隆法　動いている、動いている。

質問者Ａ　今日のヤイドロンさんの（周りの）たくさんのＵＦＯたちは、みんなエルダー星からですか。それとも別の星からも来られていますか。

ヤイドロン　うーん……、まあ、細《こま》かく言うと、ほかの星というか、惑星《わくせい》連合の仲間もちょっと来てくれてはいるので。毎日毎日なので、やっぱり……。

質問者Ａ　なるほど。ヤイドロンさんと惑星連合は、どういうご関係なんですか。

ヤイドロン　まあ、私が、何て言うかなあ、うーん……、警察で言うと「ＳＡＴ《サット》」……。

質問者Ａ　はい。特殊部隊ですね？

ヤイドロン　突撃隊《とつげきたい》の隊長みたいな感じを任されています。あとは、ときどき入れ替わりますけれども、その惑星連合のいろんな方々、関心のある方が、よく来てくれることになっていて。

大川隆法　今、雲になっちゃいましたね。ちょっと、多くなっちゃったんで。

質問者Ａ　そうですね。雲になってしまいました。

2 ヤイドロンが語るエル・カンターレの真実

信仰《しんこう》をもっと強くしなければならないのはなぜか

ヤイドロン　（約五秒間の沈黙《ちんもく》）今日は信仰《しんこう》の継承《けいしょう》のお話でしたね。

質問者A　はい。聴《き》かれていましたか。

ヤイドロン　はい、はい。もう中継していました。

質問者A　ああ、そうですか。

ヤイドロン　はい。エル・カンターレ祭（二〇一八年十二月十一日説法《せっぽう》「奇跡《きせき》を起こす力」）も護《まも》りましたので、分かっていただければありがたいです。

質問者A ああ、そうですね。本当にありがとうございました。

ヤイドロン ちょっと、まあ、若干《じゃっかん》、妨害《ぼうがい》したいと思っている者もいたと思うんですけれども、けっこう念波《ねんぱ》を封《ふう》じていました。

質問者A なるほど。本当にありがとうございます。

ヤイドロン けっこう世界規模になってきているので、（総裁は）すごい重要人物なんですよ。

今、日本でねえ、この一年の総括《そうかつ》、平成の総括をできるような人が存在して、世界に意見を発信しているということは、すごいことなんですよ。

質問者A　そうですね。

大川隆法　……ああ、ちょっと雲が厚くなってきましたねえ。この高さの雲だと、少し隠《かく》れてしまいますね。

質問者A　目視では見れるんですけれども、カメラではちょっともう難しいですかねえ。

大川隆法　そうですね。雲が少し厚くなってきて、すごく移動していますね。

質問者A　でも、（本日十二月十三日はＵＦＯフリートの）写真も撮《と》らせていただきました（『「ＵＦＯリーディング」写真集２』〔前掲〕参照）。

何かメッセージはありますか。

ヤイドロン　メッセージですか。

今日は、（総裁が）「咲也加《さやか》さんを立てて、信仰継承する」っていうお話をされて。あと、隆一《りゅういち》君まで期待をかけているという話をなさいましたね？

質問者Ａ　はい。

ヤイドロン　まあ、いちおう、これは、私のほうもはっきりと、「そっちを立てたほうがいい」ということを申し上げましたので、護りは固くなってくると思います。みんなの信仰心がまとまってきて、教団を護持《ごじ》して、維持《いじ》していこうという気持ちは、強くなると思います。

で、これから「宇宙の法」関連では、もっと「奇跡」もいっぱい出てきますので。まあ、「病気治し」とかね、それ以外の奇跡も出ますけれども、今までまだ予想していないものが新しい年に始まってきますので。まあ、そのときに衝撃《しょうげき》に耐《た》えられるような信仰集団をつくらなければいけないんです。

だから、信仰をもっと強めて、組織としてネットワークをつくらなければ駄目《だめ》なんですねえ。そうしないと、〝もう一段の衝撃〟が来ますから。

質問者A　衝撃？

ヤイドロン　はい。あなたがたがこの世的に〝常識〟と思っていたものが粉々になる衝撃。

質問者A　ええ!?

ヤイドロン　だって、例えば、エル・カンターレ祭では、車椅子《くるまいす》の人がねえ、遠隔《えんかく》地《ち》の福岡《ふくおか》でも、衛星（中継）を観《み》ただけで立った人もいました。あるいは、支部でも金粉《きんぷん》が降りましたし、特別説法堂でも金粉が降りましたですけれども、まあ、こんなようなことは〝序の口〟で、来年はもっともっとすごい「奇跡」がいっぱい起きると思いますので、教団としても、やっぱり、信仰を篤《あつ》くして組織を強くしなければいけないし、私たちも警備をして護らなければいけないというふうに思っています。

質問者A　ありがとうございます。

エル・カンターレとは何かを明らかにするために必要なものとは？

ヤイドロン　だから、来年は、「地球神が、実は地球神を超《こ》えていること」を証明しなければいけない年になります。

「地球神」と称《しょう》しながら、実は地球を中心に、宇宙のいろんなところとつながっていて、「地球」がね、実は「宇宙にとっての一つの拠《よ》りどころになっているんだということ」を、来年は証明していきたいと考えてます。

質問者A　ヤイドロンさんは、本当にいろいろ知っていらっしゃいますよね。

ヤイドロン　ハハッ（笑）、よく知ってますよ。まあ、付き合いは、本当は長いんですけどね。

質問者Ａ　あっ、そうなんですね。

ヤイドロン　ええ。まあ、いつの時代もいろいろと見ているので。

質問者Ａ　いつの時代も「一番槍《やり》」だった……。

ヤイドロン　はい、付き合いも長いし。まあ、そのうち、あなたがたも宇宙の人たちと、もうちょっと簡単に交流できるようになると思います。受け入れるように、みんながなってきたら。

あまりこれを言うとね、変に聞こえるようだったら、私たちはあまり言わないようにしなければいけないので。みんながある程度受け入れるようになってきたら、もうちょっと、いろんなことを明かすことが可能になるんでね。

質問者A　できるようになるんですね。なるほど。

ヤイドロン　だから、エル・カンターレというのは、「地球神」と言っているけれども、実は「地球神を超えているところ」まで、もう入ってき始めているんですよ、今、どんどん。

この前はベガも出ましたしね。ベガも出たし……。

質問者A　そうですね。（ベガの）ヒーム様も出ましたし、あと、天御祖神《あめのみおやがみ》様も出ました。

ヤイドロン　ええ。天御祖神も出たし、まだほかのものも

『天御祖神の降臨』（幸福の科学出版刊）

いますから。

実は、エル・カンターレの、まあ、「正体」と言ったら言葉は悪いけれども、「実像」が何なのかということは、「宇宙の法」を探究しないと分からないんです。これがだんだん明らかになってきます。

でも、それが明らかになればなるほど、人間的生活は若干厳しくなっていきますので、教団のもう一段の力が必要になります。

質問者A　それと、私たちの認識力のアップと、信仰心の強さが……。

ヤイドロン　そうです。（認識力を）上げないと。不信仰者《しゃ》が出てきますので、（信仰心を）強めなければいけません。

質問者A　はい。

大川隆法　まあ、ちょっと、雲がかかってきて景色がもう見えなくなってきたので、これ以上長くは難しいかとは思いますけれども。

質問者Ａ　そうですね。

ヤイドロン　この雲を破って下へ降りていくと、もう着陸寸前になるんですよ。

質問者Ａ　（笑）なるほど。

ヤイドロン　本当に、雲が、もう上空百メートルちょっとの高さまで下りてきているんですよ。雲の高さが百メートルちょっとのほうまで下がっているんで。これから下に降りてくると、これ、もう肉眼で見えちゃうレベルまで来るので。

質問者Ａ　ヤイドロンさんは、天御祖神様はご存じなんですか。

ヤイドロン　あっ、知ってますよ。

質問者A　知っているんですね？

ヤイドロン　はい。知ってますよ、うん。

質問者A　話したこともあるんですか。

ヤイドロン　うーん……、まあ、それはちょっと……、言い方はちょっと難しいんですが。立場のある方ですので、まあ、そういうふうに軽々しく「話した」というような言い方をしてはいけないとは思いますけれども、存じ上げているし、多少は、そういう教え等を聴くこともありますというぐらいしか言えません。

二〇一九年につなげるために大事にすべきことを語る

質問者A　オフレコですが、信者さんは、ヤイドロンさんのことを、最初、隆一君かと思ったようです。

ヤイドロン　ああ。まあ、関係がないわけではありません。だから、まあ、宇宙においては、そういう立場に近いかもしれません。

質問者A　ヤイドロンさんがですか？

ヤイドロン　はい。だから、敵艦隊《てきかんたい》を撃滅《げきめつ》するという役割を……。

質問者A　ああ、はいはい。あっ、「仕事」や「役割」として似たものも持っているということでしょうか。

ヤイドロン　はい、そうです。
ですから、一隻《せき》二隻、不良船が来るぐらいはいいんですけど、隙《すき》を見せたらですねえ、突如《とつじょ》、編隊を組んで来る場合があるので。邪神《じゃしん》系統のほうがね、少しいるので。これが編隊を組んで来たときに隙を見せると危ないので、いつも撃滅できる体制を取っております。

質問者A　なるほど。では、そういう関係ではあるということですね？

ヤイドロン　はい。だからねえ、こっちも、もう〝年中無休〟にかなり近いですよ。

質問者A　そうですね。本当に〝年中無休〟ですね。

ヤイドロン　だからねえ、寝《ね》ることもあるけど仮眠《かみん》でねえ、もうブザーが鳴るとすぐ起きて出なきゃいけないので。いやあ、けっこう厳しいんですよ。

質問者Ａ（笑）本当に尊いですね。ありがとうございます。

ヤイドロン　ええ。ですから、まあ、協調関係を築けるといいなあと思っています。雲がもう百メートルぐらいの高さまで下りてきているんで、映らなくて申し訳ないです。はい。

質問者Ａ　確かに、今、こういうときだからこそ、護りを強めないといけないところなので。

ヤイドロン　あ、この十二月はねえ、信仰を護ることが非常に大事。護って継承して、来年に……。

質問者Ａ　はい。つなげていかなければいけないのですね。

ヤイドロン　うん、つなげなければいけない、はい。まあ、それが言いたかったわけです。

質問者Ａ　はい。どうぞ、お見守りください。

ヤイドロン　はい、ありがとうございました。

質問者Ａ　ありがとうございました。

大川隆法　（手を一回叩《たた》く）

第7章　全体主義を粉砕《ふんさい》する戦い

――UFOリーディング26――

二〇一八年十二月二十八日　収録

幸福の科学　特別説法堂《せっぽうどう》にて

1　闇《やみ》宇宙とつながりのある全体主義国家との戦い

沖縄《おきなわ》方面へ視察に行っていた理由

大川隆法　今、(カメラに) 映っているオレンジ色の光が見えていますけど、夕方から位置はほとんど変わっていなくて、同じ位置ぐらいにいます。今、夜の十時前ぐらいですか。

質問者A　はい。

大川隆法　夕方の六時前に見たときと位置が一緒《いっしょ》です。星なら動いていると思いますが、位置が動いていません。見えているものは、いったいどなたでしょうか。

2018年12月28日、東京都上空に現れたUFOの画像。

ヤイドロン　はい、ヤイドロンです。ちょっとご迷惑《めいわく》をおかけしました。

質問者Ａ　いえいえ。

ヤイドロン　昨日《きのう》の夜と（今日の）日中ぐらいまで、ちょっと留守にしていたので、すみませんでした。

質問者Ａ　帰ってきてくださって……。

ヤイドロン　ちょっと、沖縄《おきなわ》方面へ視察に行っていたので……。

質問者Ａ　あっ、沖縄？

ヤイドロン　はい。沖縄の方面をちょっと見ていたんです。

質問者Ａ　今、カメラ上では、けっこう速い速度で下に移動されております。

ヤイドロン　ああ、そう見えますか。

質問者Ａ　はい。

ヤイドロン　沖縄の方面の海域を、ちょっと、いろいろ見ていたんです。

質問者Ａ　沖縄に行かれていたんですか。

ヤイドロン　うん。韓国《かんこく》や中国船で問題が起きているから。「沖縄から、あと、どんなことが起きるかな」と思って、ちょっと見に行っていた。

質問者Ａ　なるほど。

ヤイドロン　すみませんでした。

質問者Ａ　いえいえ。ありがとうございます。

毛沢東《もうたくとう》や習近平《しゅうきんぺい》と闇《やみ》宇宙とのつながりについて

ヤイドロン　『毛沢東《もうたくとう》の霊言《れいげん》』ね、校正したんですね？

質問者Ａ　はい。

ヤイドロン　（「まえがき」と「あとがき」を）書いたら、そのあと、昼間、（毛沢東の霊が）襲《おそ》ってきたんですね？

『毛沢東の霊言』（前掲）

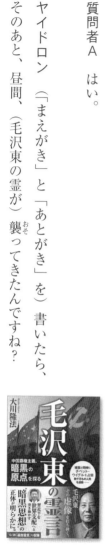

質問者A　そうですね。

ヤイドロン　「ヤイドロンなんか、何のことか」と言っているんでしょうけど、私が毛沢東の霊言を……。

質問者A　はい。やったほうがいいと……。

ヤイドロン　やったほうがいいと言ったので、まあ、私が敵側であることは明らかでしょうね。

だから、あそこと戦わないかぎり、叩《たた》かないかぎり、習近平《しゅうきんぺい》だけを叩いても壊《こわ》れないんですよ。

〝習近平の交代〟が出るだけであって。まあ、若い人もいると思いますけどね、やっぱり、あれを……。北朝鮮《きたちょうせん》なら「金日成《きんにっせい》」、中国なら「毛沢東」。ここのところを、やはりやらなければ駄目《だめ》だと思いますね。だから、毛沢東を〝善人〟に扱《あつか》っているようでは崩《くず》せないですね。

大丈夫《だいじょうぶ》ですから。あのくらいのものが来ても、私が「電撃一閃《でんげきいっせん》」をやりますから、大丈夫。

質問者Ａ　毛沢東は自分を「宇宙の神だ」と言っていました。

ヤイドロン　ハハッ（笑）。言いたい放題ですよ。そういうのを「井《い》の中の蛙《かわず》」と言うのではないですか、地球の言葉でね。（毛沢東は）宇宙を知らない。宇宙について、ほとんどしゃべれなかったでしょ？

質問者Ａ　ああ、そうですねえ。

ヤイドロン　何にも知らないんだよ。

質問者Ａ　では、（闇《やみ》宇宙存在の）カンダハールとかと、すごいつながりがある……。

ヤイドロン　いや、はっきりしていないので、よくは分かっていないのよ。

質問者Ａ　習近平さんも、（守護霊《しゅごれい》）霊言を録《と》ったとき、あんまり宇宙についての認識力はなさそうでした（『習近平守護霊　ウイグル弾圧《だんあつ》を語る』〔幸福の科学出版刊〕参照）。

ヤイドロン　だから、よく分かっていない。知識がないので、よく分からないんですよ、うん。

質問者Ａ　なるほど。

大川隆法　（ＵＦＯが）ちょっと動いて見えますね。ちょっと近づいてきているんですよ。

質問者Ａ　あっ、そうですか。

大川隆法　うんうん。

ヤイドロン　そうなんです。彼は宇宙のことがよく分からないんですよ。だからね、そんなにではないんですけどね。ただ、つながりがあることは事実なんです。

質問者Ａ　ああ、そうなんですか。闇宇宙と？

ヤイドロン　うん。分からないものが何か指導している感じになっているだろうと思います。

決戦ですね、来年（二〇一九年）が。
今年（二〇一八年）がね、北朝鮮のターニングポイントでしたけど、次に、この後ろ盾《だて》の中国を追い込《こ》むことで、北朝鮮を一気に弱めますけれども。さらに、「中国の拡張戦略」、「覇権《はけん》戦略」、これはやはり〝来年がターニングポイント〟でして、やっぱり撤収《てっしゅう》？　撤収で、もう、自国が護《まも》れるかどうかのところまで追い込みますから、来年。ええ、やりますから。私たちも戦っているので。

質問者A　ああ、そうですか。

ヤイドロン　ええ、ええ。

大川隆法総裁にとってのライフワークに近いこととは何か

質問者A　宇宙的に言うと、中国についているのは、白鳥座のレプタリアンとか、バズーカさんだと、ずばり（マゼラン銀河の）ゼータ星とか……（『「ＵＦＯリーデイング」写真集』〔前掲《ぜんけい》〕参照）。

ヤイドロン　うん。まあ、入っていると思いますよ。今は特に強くなっていますね。昔、ヒットラーの全盛期なんかにも入ったものはあると思うんですけれども。そのあとは、アメリカなんかがすごく攻撃《こうげき》的なときにね、ちょっと入っていたものはあったと思いますけど。

質問者A　アメリカも戦後、クリントン政権時代には、中国のほうを日本より応援《おうえん》して……。

ヤイドロン　そうそう。

質問者A　今の大国にした罪というか、そういう面はありますよね。

ヤイドロン　それはね、反省しなければいけませんね。（中国が）ここまで来るならね。戦争中にね、（日本やドイツなど）先の防共協定をやっていたところが悪で、あとは民主主義国と言ったのが、「ソ連も中国も〝大ボラ〟だった」ということだから……。

質問者Ａ　そうですね。（ソ連も中国も）共産主義、社会主義、全体主義だった。

ヤイドロン　ええ。「共産主義で、大変な全体主義国家だった」というんでしょ？

質問者Ａ　はい。

ヤイドロン　大川隆法総裁は、もう学生時代にハンナ・アーレントの研究をして、全体主義の起源の勉強をしているから、これ、本当にライフワークに近いんですよ。

『大川隆法　思想の源流―ハンナ・アレントと「自由の創設」―』（幸福の科学出版刊）

あの当時は、まだ共産圏《けん》と自由主義圏が対立していましたけれども。

大川隆法　（ＵＦＯが）ちょっと下がりましたね。

ヤイドロン　この、「全体主義が次なる大きな罪を犯《おか》す」のを粉砕《ふんさい》するのが、やっぱり（あなたがたの）大きな使命としてあるので。

日本の民主党政権に対して幸福の科学が取った対応とは

ヤイドロン　来年、中国の命運が変わりますから。「経済的な面」と「政治的な面」と「国際的な外交関係」で大きく変わります。

質問者Ａ　いやあ、トランプ大統領も頑張《がんば》ってくださっていますしね、いちおう。

ヤイドロン　概《がい》して、敵の正体が見えてきた。

質問者A　そうですね。人権問題のところを言ったり……。

ヤイドロン　見えてきた。見えてきたんですよ。

質問者A　いろいろしていますものね。

ヤイドロン　ええ、見えてきたので。あの人に（大統領に）なってもらわないと困ったんですよ、本当に。

質問者A　ね？　ヒラリーさんだと、クリントンさんの奥《おく》さんですからね（笑）。

ヤイドロン　はい。

日本で民主党政権が立ったときには、あなたたちが全力で倒《たお》しにかかって、大きな仕事をしましたよね。

質問者A　はい。先生がいち早く見抜《みぬ》いて。

ヤイドロン　世界……、日本でブームになっているときにね、「あれは間違《まちが》っている」と。（民主党政権は）中国に朝貢《ちょうこう》外交をしていたでしょ？

質問者A　はい。

ヤイドロン　正反対でしょ？　今やっていることは。こんな国のところに朝貢して、どうするの？　国会議員などが何百人もね。（幸福の科学は）これを言っていた。正しいことを言っているものが応援を受けないで、その間違ったもののほうが、平和のためにやっているみたいにして持ち上げられていた。戦後、マスコミの清算が終わっていないんですね。

質問者A　うん。

2　チームを組んで地球を護《まも》る惑星《わくせい》連合

ヤイドロンのチーム編成と中継《ちゅうけい》基地について

大川隆法　（ＵＦＯが）だいぶ下のほうに来ていましたね、はい。

質問者Ａ　けっこうなスピード？

大川隆法　動いています。

質問者Ａ　ああ、そうですか。

ヤイドロン　はい、はい。今日は私たちしか仕事をしていないから。

質問者Ａ　ああ、そうですか。

ヤイドロン　うん。

質問者Ａ　ちなみに、ヤイドロンさんの今日のＵＦＯは、どんな形なんでしょうか。

ヤイドロン　今日はですね、ちょっと長方形型のＵＦＯに乗っているんですよ、うん。長方形型で……。うーん、どういうふうに言うべきかなあ。そうですねえ、チョコレートケーキみたいな（笑）感じのＵＦＯですね。

質問者Ａ　（笑）へえー。（ヤイドロンさんには）ほんとに休みがないんですね。

ヤイドロン　うん。

質問者A　すみません。

ヤイドロン　いやあ、私もね、ある意味での宇宙的指導霊《しどうれい》ですよ。

質問者A　ああ、そうですね、ほんとに。

ヤイドロン　追加でページを足したんだそうだけど（『毛沢東《もうたくとう》の霊言《れいげん》』第2章「毛沢東　追加霊言」参照）。「ヤイドロンって何？」と言われる。

質問者A　そうなんです（笑）。突然《とつぜん》、ヤイドロンさんの名前が出るので……。

ヤイドロン　ね？　もう、もう、めんどくさい。もう、めんどくさいからね。「宇宙的指導霊」って書いとけばいいや（笑）。

質問者A　（笑）先生がヤイドロンさんの名前（の意味）を「灸《やいと》を据《す》える」と。

ヤイドロン　ハハハハッ（笑）。まあ、ある意味で当たっているね。

質問者A　ある意味で当たっていますか。

ヤイドロン　うんうん。そのとおりだね。

大川隆法　（ＵＦＯが）下に下がってきたね。上がったり下がったりして……。あちらがちょっと近いですね。

質問者A　今日は何人乗りですか。

ヤイドロン　今日はね、十三人。

質問者A　十三人？

ヤイドロン　うん。

質問者A　男女が共に（乗っている）？

ヤイドロン　はい。男性が十人ぐらいいます。女性は三人ぐらいですけど。

質問者A　ヤイドロンさんには、基地、中継《ちゅうけい》地点はあるんですか。

ヤイドロン　ハハハハハ（笑）。それ来ましたか。うーん。地上に落ちないからねえ、空を飛んでいるからねえ。地球の回転と同時に移動はしているんですけどね。同じように移動しているんですけれども。

基地はないんですけど、母船はやっぱりあることはあるので、母船のほうは、基地といえば（基地で）、そこにときどき帰ることはあります。

質問者Ａ　その母船にはエルダー星の方たちだけが乗っているんですか。

ヤイドロン　いちおう今はチームを組んでいるので、ほかの者ともちょっと一緒《いっしょ》にはなっておりますけどね。「地球侵略《しんりゃく》計画みたいなものを持っているやつを防止する」というのを目標にしているので。

惑星《わくせい》連合が共有する母船はどこにある？

大川隆法　（ＵＦＯの位置が）下がってきたので、木に引っ掛《か》かってきますね、もうすぐ。

質問者Ａ　まだ大丈夫《だいじょうぶ》ですね。

大川隆法　大丈夫ですか。

ヤイドロン　ほかの（星の）人たちとも会っていますよ。

質問者Ａ　あっ、そうですか。

ヤイドロン　うん、母船ではね。いちおうね、惑星《わくせい》連合の共有物もあるんですよ。

質問者Ａ　なるほど。
　惑星連合で共有している母船などがある？

ヤイドロン　そういう、まあ、母船があるんですよ。それは、だいたい五大州にそれぞれありますね。

質問者A　五大州？

ヤイドロン　うん。だから、今、アジア太平洋地域にだいたい母船が一つありますよね。アメリカのほうにもいますし、アフリカのほうにもいるし、ヨーロッパのほうにもいるし……ってなところですかね。

質問者A　へえー。そうなんだ。すごいですね。

ヤイドロン　だからね、あなたがたを目に見えないものが助けている。それには神々や高級霊もいるけれども、われわれはね、「この世的な実戦部隊としての力」を持っているし、「霊的な力」も持っている。〝両方持っている〟んでね。

地球で介入《かいにゅう》していいことは少ないけどね。ただ、やれることはやります。

また着任していますので、大丈夫ですから。

質問者Ａ　本当にありがとうございます。

ヤイドロン　うん。昨日《きのう》のモヒカン星（の宇宙人）は、ちょっとゆっくりしていたかな（「ＵＦＯリーディング㉕（やぎ座モヒカン星）」。『「ＵＦＯリーディング」写真集２』〔前掲《ぜんけい》〕参照）。あんまり役に立ちませんでしたか。

質問者Ａ　いえいえ、新しい「ＵＦＯリーディング」としては貴重でした。

ヤイドロン　うんうん。

中国の指導層にインスピレーションを送る宇宙人バズーカの考え方

ヤイドロン　来年（二〇一九年）ね、やっぱり、ウイグル、モンゴル、チベットを絡《から》めて、中国の運命を大きく変えますから、私は。ああ。そのつもりでやっているので、やはりバズーカは沈《しず》めます。

質問者A　バズーカの上は誰《だれ》になるんですか。

ヤイドロン　あっちにも、いろいろいるのかもしれませんけどね。私も、よくは分からない、よくは。出てきているのはバズーカですよ、表面にね。これは、たぶん関係があると思う、中国の今の政治指導層と。何かインスピレーションを送っていると思う。

質問者A　でも、わりと考え方はシンプルですよねえ。

ヤイドロン　シンプルですね。シンプルなんですよ。だから、途中《とちゅう》経過を軽視しすぎる。

質問者Ａ　「手段を選ばない」ってところでシンプルなのか。

ヤイドロン　そうそうそう。

質問者Ａ　共産主義革命も。

ヤイドロン　そうそう。

質問者Ａ　レプタリアン的な？

ヤイドロン　「愛」がないからね、彼らにはね。「愛」も、本当の意味で「正義」もないからね。〝自分たちの勝利〟しか考えていないからね。

質問者A　あっ、そうだ。ちょっとあれなんですけど、ゼータ星はアンドロメダに滅《ほろ》ぼされたのですか？

ヤイドロン　うーん。その話は、すれば長くなるから、ちょっとあんまり……。

質問者A　しないほうがいい？

ヤイドロン　うんうん。そんなに簡単なものではないので。宇宙戦争っていうのは、数次にわたって行われているからね。

質問者A　ああ。単純に言えるようなものではないと。

ヤイドロン　うん。そんなに単純なものではないので。それをやるならやるで、「ゼータ星の興亡史」をやらなければいけないでしょうねえ、ええ。まあ、でも、いろいろな宇宙ものの映画に何か少しずつ出てきているんじゃないですかね、おそらくね。

今、ヤイドロンが関心を持っている地域はどこ？

質問者Ａ　（約五秒間の沈黙《ちんもく》）イエス様とかは関係ないですか？　エルダー星に。

ヤイドロン　うーん。うーん。イエスは直接には関係していない……ですかねえ。ただ、「救世主」と思《おぼ》しき者に縁《えん》があることは多いので。

あと、今日も沖縄《おきなわ》を見たけれども、タイもちょっとこの前、見に行っていたので。タイと沖縄を見て、あと、中東辺にも関心を持ってはいるんですけど、次。イラクやイランの辺りもね。

質問者Ａ　イスラム教系の問題がありますね、また。

ヤイドロン　はい。あっちもね。

まあ、イエスにも、多少、宇宙的分身はいるはずですから。

質問者Ａ　「メタトロン」という人が、イエス・キリスト……と言われている説もあるようです（『メタトロンの霊言』参照）。

ヤイドロン　うーん。そういう名前の人もいますね、確かにね。メタトロンね。でも、本人が出てこなければ、そんなに気にする必要はないんじゃないでしょうかね。今日、私がいるのと、あそこに小さいの（ＵＦＯ）が停《と》まっているね。

質問者Ａ　はいはい。あれは（エルダー星のＵＦＯとは）違《ちが》うもの？

ヤイドロン　うん。

『メタトロンの霊言』
（幸福の科学出版刊）

質問者Ａ　知っていますか？　ヤイドロンさん。

ヤイドロン　うーん。あれはね、新しいね。「ニードル星」と言っている。

質問者Ａ　ニードル星？

ヤイドロン　うん。

質問者Ａ　ニビルじゃなくて、ニードル星？

ヤイドロン　ニードル星。あのへんの高さで、ずっと夕方からいますね。

質問者Ａ　これは、アピールしているんでしょうか。

ヤイドロン　小さい一人乗りだと思いますね。

質問者Ａ　一人乗り！

ヤイドロン　うん。たまに、そういうのが来るんですよ。見に……。あのねえ、〝観光名所〟になっているんですよ、ここ。だから、ときどき、隙《すき》を見て〝観光〟に来ているんですよ。

質問者Ａ　あの人は味方？

ヤイドロン　うーん。敵でも味方でもない。うん。〝観光〟に来ているんですよ。

質問者Ａ　〝観光〟に来ている？

ヤイドロン　うん。一人乗りがときどき来るんですよ。要するに、噂《うわさ》になっているからね、今。

質問者Ａ　なるほど。すごい。では、（ここは）宇宙的磁場《じば》でもあると？

ヤイドロン　「宇宙ニュース」というのでねえ、ちょっと流れているんですよ。

質問者Ａ　私たちは、今、「子連れ狼《おおかみ》」の映画版シリーズを観《み》ていましたから。

ヤイドロン　ああ、そうですか。

質問者Ａ　はい。

ヤイドロン　頑張《がんば》ってください。一人で百人ぐらい倒《たお》すつもりでね。

だいぶ下がっちゃったね、私の機もね。

質問者Ａ　そうですね。

では、今日は、このへんで。

ヤイドロン　うん。

第8章　映画「宇宙の法」をきっかけに始まる宇宙時代

――ＵＦＯリーディング32――

二〇一九年一月二十三日　収録

幸福の科学　特別説法堂《せっぽうどう》にて

映画「宇宙の法―黎明《れいめい》編―」のアメリカでの評価に関する見解

大川隆法　マンションの上ぐらいに出ています。空で、一つだけですね。光る物体は一つしかありません。ちょうど、部屋の窓から見える位置に出ています。ヤイドロンさんだと思います。何かメッセージがあると思います。

（カメラの画面に）入りますか？

質問者A　ちょっと待ってください。

（約二十秒間の沈黙《ちんもく》）この上にいるはずなんですが……。ちょっとお待ちくださいね。すみません。

（約五秒間の沈黙）何だか、今日は捉《とら》えるのが難しい。

大川隆法　（約二十五秒間の沈黙）まだ入りませんか？

2019年1月23日、東京都上空に現れたUFOの画像。

質問者Ａ　うーん。あっ、あった、あった。

大川隆法　ありましたか？　ありましたか？　入りましたか？

質問者Ａ　ありました。はい。

大川隆法　見えましたか？

質問者Ａ　これです。

大川隆法　ああ、はい。

質問者Ａ　このオレンジです。

大川隆法　では、いきましょうか。
今日は、二〇一九年一月二十三日、夜の九時四十五分過ぎぐらいです。見えている光りものは、一つしかありません。今、映っているものだけです。話したいことがあると思っています。ヤイドロンさんだろうと思いますが……、ヤイドロンさんでよろしいですか。

ヤイドロン　そうです。

質問者A　いつもありがとうございます。

ヤイドロン　はい。本当に、毎日見守っています。今日も仕事はたくさんありましたし、私たちもその一端《いったん》に加われていることをうれしく思います。
今日はね、ちょっと、慰《なぐさ》めも兼《か》ねて来たんですけどね。

質問者Ａ　ありがとうございます。

ヤイドロン　ええ。昨日《きのう》の夜中にね、（映画「宇宙の法―黎明編《れいめいへん》―」が）アメリカのアカデミー賞のアニメ部門にノミネートね、なされなかったので、みんながっかりしていると思います。

私たち宇宙の仲間たちも、実はがっかりしているんです。

まあ、そんなに早く、地球人にオープンに情報を出せるようにはならないだろうとは思ってはおりましたけれども、宇宙情報の後《おく》れている日本でねえ、少しでも、これを広げたいなあと思っていたので。そういう賞を取ることで、いろんなものに取り上げられて、もうちょっと分かってもらえるといいなあと考えていました。

まあ、なかなか難しいものですねえ。

質問者Ａ　そうですね。すみません、力不足で。

ヤイドロン　人間たちの習慣は、そう簡単には、やっぱり変えられないので。

私たちにはお金がないので、お金を投下できないんですが。アメリカという大きな国では、大統領選挙でもね、二百億円以上のお金を使うぐらいの国ですから、たぶん、「アカデミー賞」なんかを取るために、運動資金がそうとう要《い》るんだろうと思うんですねえ。そういう運動をやっているのかなと思います。

それに比して、それだけの、向こうでの資金を投下して、活動はやらなかったところがあったのかなあ。

まあ、これは責めてはいけないから、あんまり言ってはいけないんですけれども。（作品）そのもので戦わなければいけないんだけど。まあ、映画大国だしねえ。日本よりもはるかに大きな映画大国で、映画マーケットが十倍はありますのでねえ。小さな運動では、ちょっと届かなかったところはあったかもしれませんね。

やっぱり、全米でちょっと話題にならないと駄目《だめ》だった。そこまでは行かなかった。

それだけコマーシャルを流したり、宣伝したりはしなかったと思うし、それだけ多くのアメリカ人が影響《えいきょう》を受けたわけでもないでしょうねえ。ちょっと、そのへんが残念です。

「日米同時公開」まではよかったんですが、まあ、つくるのが精一杯《せいいっぱい》で、アメリカで、まあ、五十州もありますからねえ。日本の二十五倍もある大きな国で、五十州で、全米で十館しか開催《かいさい》されなかったというか、上映されなかったというのでは、数多くの映画のなかではもう紛《まぎ》れてしまって、やっぱりPR力は足りなかったのかなあというふうに思っています。

あなたがたを責めてはいけないから、あんまり言いにくいんだけれども、やはり、一州に一カ所もできなかったというか、まあ、支部が実際ないんでしょうし。まあ、本当は、州で何カ所か、かかるぐらいでなければ、みんな観《み》てくれはしないから、話題にもならないですよね。

大きな映画になると三千館ぐらいかかりますからね。

そういう、何百億も稼《かせ》ぐような映画と競争しているので、そんなに簡単ではなかったかなあと思っていますし、そういうコネのルートもあんまり持ってなかったので、まあ、ちょっと残念でしたね。

ただ、三回続いて、アカデミー賞の審査《しんさ》対象作品に選ばれた、要するに、二十何作ぐらいのなかにね、選ばれたこと自体は立派だと思うし、今回は（ロサンゼルスの映画祭のアニメーション部門で）「審査員特別賞」というのを最初にもらったところで、かなりチャンスは大きいかなあと思ったんですけれども。

アニメでは「未来のミライ」とか、実写では「万引き家族」とかがノミネートされたとのことで、まあ、これでも、日本映画がノミネートされたのは、十年ぶりだということなので。

質問者A　あっ、ノミネートされたものはあるけれども、たぶん賞を取るところまで行くものが……。

ヤイドロン　あっ、賞は取ったことはない？　そうか。

質問者A　そう。そうだと思います。

ヤイドロン　十年以上前の宮崎《みやざき》さんのアニメぐらいなんですかね、取ったのはね。

質問者Ａ　そうです、そうです。

ヤイドロン　ああ、そっかあ。うーん、難しいことなんでしょうね。

質問者Ａ　でも、日本アカデミー賞とかでも、たぶん、「宗教のつくる映画は出さない」とかいうこともあるのかもしれないんですけれどもね。

ヤイドロン　まあ、それはそうでしょうねえ。

質問者Ａ　まあ、アメリカはどうか知りませんけれども。

地上人に気づかれなくとも、地球の今を見守っている存在とは

大川隆法　私たちの見ているうちに、こちらから見ていると、（UFOが）右に動いているんですね。

質問者A　そうですね。

大川隆法　建物から、ちょっと右に来ましたね、今。右側に移動していますね。

ヤイドロン　うーん、まあ、ちょっと残念で、ほんとに申し訳なくて、慰めたくて。私たちは、もう俄然応援《がぜんおうえん》していたんですけどねえ。最近は、〝ビートルズ〟まで出てきてたぐらいですからね（笑）。

質問者A　みなさん、応援してくださったのに、地上の私たちが力を発揮できず、

申し訳なかったです。

ヤイドロン　まあ、でも、どんな奇跡《きせき》を起こしたら信じるようになるかといっても
ねえ、分からないから。円盤《えんばん》を見せたところで、映画のほうに直接かかってくるわ
けではないだろうからね。まあ、難しいんですよねえ。

今、大川隆法先生と私たちは会話ができますけれども、普通《ふつう》の人たちは会話がで
きないから。空中に、夜ね、光の点があるだけですからね。何だか分からない。「星
かな？　何だろうなあ」っていうぐらいでしょ？

会話ができる人がいるっていう、まあ、一人しかいないですけどねえ。こんなの、
奇跡なんだけど。これがねえ、伝え切れない。天上界《てんじょうかい》の霊《れい》との話、霊言集《れいげんしゅう》も出すの
でも、なかなかそんなに、まあ半信半疑《はんしんはんぎ》で何十年も見ているぐらいだから、さらに、
宇宙人との会話、対話を始めたと言われても、「もう、ほどほどにしてください」と
いう気持ちですかね。

質問者Ａ　やっぱり、地道な伝道活動を続けていくしかないですね。

ヤイドロン　そうだねえ。毎年毎年、一割でも二割でも増やしていかないと。忘れられていくだけではいけないですね。やっぱり、押《お》していかないといけないですよねえ。

現実に、「ヤイドロン」っていう人格で、私はずーっとお話ししてますので、「宇宙から通信を送りたがっている人がいるということ、それを聞ける人がいるということ、活字にすることさえできる人がいるということ」、これは「奇跡」なんだけどねえ。

でも、「信じる」ということは、とっても難しいことなんだね、本当にね。

質問者Ａ　……ということですね。

ヤイドロン　私たちも、何て言うかねえ、うーん、公園に着陸してねえ、姿を見せるようなことを考えても、やっぱり難しいなと思うんでね。現実には、脅威《きょうい》だろうし、ショックだろうし、どうしたらいいか分からないだろうし。

もしアップの写真が撮《と》れたとしても、インチキだとか言われてね、なかなか……、今、ＣＧでいくらでもつくれるからね。そういうふうに言われるだろうねえ、きっとねえ。残念だけどね。

大川隆法　映っていますか。

質問者Ａ　映っています。

大川隆法　うーん、動いてはいますね。右下に下がってきましたね。

質問者Ａ　ちゃんとビルを避《さ》けていますね（笑）。

ヤイドロン　そう。まあ、引っ掛《か》からないようにしないといけないんで。

質問者A　まあ、でも、天上界にいる魂《たましい》のきょうだいに信仰心《しんこうしん》があっても、地上で、この世に生きている間に、この世的になって忘れてしまう人もけっこう多いんだろうと思いますしね。

ヤイドロン　そうだねえ。いやあ、こちらの地上が〝本籍《ほんせき》〟になってしまうんですよねえ。だから、分からない。

質問者A　（この世に）生まれて、またもう一度、この地上で信仰心を持つことの大切さとか、難しさもあるんでしょうけれども。やっぱり、（信仰心を持つことは）尊いことですね。

ヤイドロン　「宇宙」までなかなか行かないね。

宗教を研究している人や宗教学者たちでも、「あの世」までは行っても、「宇宙」まではとても届かないし、あの世でもね、神様が出てくるとか、地獄《じごく》のこととかを「信じられない」とか言う人も、いっぱいいるからね。

私たちは、そういうところをもう超《こ》えなければ……、とてもではないけど、手が届かない世界にいるんで。

質問者Ａ　でも、「宇宙はこんなに広いのに、地球にだけ生命がいる」と思えるのも、逆に〝すごく〟ないですか。「そんなに想像できない」って、〝すごい〟ですけれども ね。

ヤイドロン　まあ、私たちの存在が客観的に理解できないとね、単なる恐怖《きょうふ》になるからね。

幽霊《ゆうれい》だって恐怖だから、あの世のことを信じたくないっていうのもあるんでしょう？　本当だったら恐怖だから。そういう恐怖心で、まず弾《はじ》いてしまうからね。

質問者A　そうですね。

大川隆法　ああ、だいぶ動いてきました。あのビルの上にいたのが……。

質問者A　今、ビルと並列《へいれつ》になっています。

大川隆法　横になって、今、下に下がってきている。

ヤイドロン　これ、不思議な動き方をしているでしょう。

質問者A　そうですね。

ヤイドロン　こんな星はないんですけどね。ちょうど、あなたがたの真っ正面に出ているんですけれども。

質問者Ａ　確かに。普通、いないですからね。

ヤイドロン　ええ。でも、まあ、信者のみなさまがたにも挨拶《あいさつ》はあるから。

質問者Ａ　そうですね。一生懸命《いっしょうけんめい》、応援してくださったみなさまに心から感謝します。

ヤイドロン　私たちもね、「宇宙の法―黎明編―」で、宇宙人の存在、ＵＦＯの存在、そして、はるかなる昔に地球に降りてきているということを伝えたかったんだけどね。でも、まだ、第二作（映画「宇宙の法―エローヒム編―」）、第三作と用意しているし、脚本《きゃくほん》も次は大川咲也加《さやか》さんが担当されているので、もっといい作品ができるかもしれないし、準備も、もっと早く準備できるかもしれないから。

質問者A　そうですね。でも、賞を取れなかったとしても、あの作品は、昨夜、ヤイドロンさんもおっしゃってくださいましたけれども、真理を含《ふく》んだ尊い映画で、これからずっと遺《のこ》っていくし、ずっと武器として使えるものなので。

ヤイドロン　そうそう。そこはねえ、妥協《だきょう》してはいけないよ。商業主義や、観客が増えればいいとか、そういうことだけで妥協してはいけないし、賞だけのためにつくってはいけない。

言うべきことは絶対に譲《ゆず》らないっていうこと、それは大事なことだと思うよ。そういう人がいてくれないと、私たちなんて、やっぱり存在していることさえ気がつかない。まあ、天使たちと一緒《いっしょ》だけどね。みんな知ってくれないからね、存在していることを。

私たちが、こうやって、日夜、あなたがたを見ながら、地球の今をガーディアンとして見守っているということを、誰《だれ》も知らないんだろう？　本当に不思議なことだろうね。一方的に見ていて、上から見ていて、地上の人たちは知らないんだよね。

質問者Ａ　確かに、天使様もそうですけれども、宇宙人のみなさまで応援してくださっている方々は、普段、気づかれずに護《まも》って、応援してくださって、インスピレーションを降ろしてくださっていることに、感謝もされず、でも、やってくださっているというところですよね。

ヤイドロン　そうなんだよ。いろんなところでねえ、危機を未然に防いだり、いろいろしているんだけどね。でも、気がつかれることはないし、感謝されることもないんでね。

質問者Ａ　この間、台風のあとに掃除《そうじ》をしていた宇宙船がいたんですよ（二〇一八年十月二日リーディング、土星の衛星タイタンから来たＵＦＯ。『「ＵＦＯリーディング」写真集２』参照）。

ヤイドロン　していた人、いたね。

質問者A　「台風で倒壊《とうかい》した木とかを、危ないから除去しています」という宇宙人が……。

ヤイドロン　〝作務《さむ》担当〟の宇宙人みたいなのでしょうね（笑）。

質問者A　いやあ、すごくありがたいことだなと思って……。

ヤイドロン　地球に、ボランティアで来ているんでしょうね。

質問者A　実際は、そういう目に見えない方たちから、たくさん支援していただいて、地球も存在できているんだなということが、よく分かりました。

ヤイドロン　私なんかもね、いろんな紛争《ふんそう》がある地域にも、ときどき行って、見ているしね。

で、今は日露《にちろ》交渉《こうしょう》もやってるから、それも見ているしね。

まあ、いろんな悪い悪魔《あくま》たちがね、あなたがたを邪魔《じゃま》しないように、見張っていますからね。

質問者A　ありがとうございます。

映画ができることを機縁《きえん》にして入った新しい局面について

ヤイドロン　今日は、「ジョン・レノンの霊言」をやられたようだけどね。ああいうふうな、ジョン・レノンみたいなことになってはいけないんで。しっかり護らなければいけないので。

『ジョン・レノンの霊言』（幸福の科学出版刊）

質問者A　暗殺はいけませんね。

ヤイドロン　そういうことは許さないつもりです。

質問者A　創造主ですから、総裁先生に対して、そういうことがあったらいけませんね。

ヤイドロン　でも、仕事がね……、まだね、創造主として仕事がね、まだ認められてないからね。まあ、もうちょっとね、大きな信仰を起こさないとね。

質問者A　（信仰を）立てないといけないですね。

ヤイドロン　ええ。キリスト教も、イスラム教も、まあ、そう簡単には〝帰依《きえ》〟してはこないでしょうね。

大川隆法　もうちょっとで、学校の屋上のネットに（UFOが）引っ掛かってしまうね。

ヤイドロン　あと、訊《き》いておきたいことはありますか。

質問者A　うーん……、どうでしょうねえ。でも、やっぱり、淡々《たんたん》と頑張《がんば》り続けなければいけないとは思っています。

ヤイドロン　そうだね。まあ、でも、新しい局面に入ったことは事実。去年の夏ごろから、「宇宙時代」にほんとに入ってきた。映画ができることを機縁《きえん》にしてね、「宇宙時代」に入ってきたんで。

大川隆法　もうすぐ見えなくなるね。引っ掛かってしまうね。

質問者Ａ　でも、「本当の創世記」を教えてくれる宗教というのは……。

ヤイドロン　ないよ、ほんとにね。

質問者Ａ　ええ。ないと思いますので。

ヤイドロン　だから、それだけの力を持たなければいけないね。信者のみなさんにも、もっともっと、信仰心を持つように、高めていってください。

質問者Ａ　はい。

ヤイドロン　広島（二〇一九年一月二十六日説法《せっぽう》「未来への希望」）まで警備に行き

ますから。

質問者A　ありがとうございます。

ヤイドロン　必ず警備に行きますから。広島も、ちょっと危険地帯なんで。霊域《れいいき》が悪いですから。

質問者A　昨日も、総裁先生は、アカデミー賞の結果を受けて、すぐ、信者のみなさまもそうだし、空に向かって宇宙のみなさまにも、「応援してくれていたのに、ごめんね」と言っていました。

大川隆法　ああ、もう映らなくなってしまいますね。

質問者A　そうですね。ちょっと消えてしまいました。

長い時間、「人類の守護者」をしている〝ガーディアンズ〟

ヤイドロン　では、そろそろ終わりに近いです。何か……、よろしいですか。

質問者Ａ　そうですね……。

ヤイドロン　私たちは諦《あきら》めていませんから。私たちは「人類の守護者」でもあるので、長い長い時間、バトンタッチしながら、「人類の守護者」としてウオッチャーをしていますから。〝ガーディアン〟です。

質問者Ａ　ヤイドロンさんたちも、そうとう屈強《くっきょう》な信仰心を持っていらっしゃるということですよね。

ヤイドロン　はい。私たちも〝ガーディアン〟なので。〝ガーディアンズ〟なので。

一緒にやっていきたいと思います。お任せください。

質問者Ａ　本当に、心から感謝しています。

ヤイドロン　はい。支えています。

質問者Ａ　私たちも、どうにか頑張ります。ありがとうございました。

大川隆法　ありがとう。

あとがき

全世界百六十数カ国に信者を持っている宗教指導者の「ＵＦＯリーディング」である。

宇宙には正義の守護神がいる。

その存在が、地球で起きる出来事の正邪《せいじゃ》の判定にも加わっている。

にわかには信じられない人もあろう。だが未来への正しい指針を知りたくば、地球より進んだ文明から飛来している者の言葉に耳を傾けることも大事ではないか。

ヤイドロンとは地球人類にとって未知の存在である。ただ彼の考え方や生活様式まで訊《き》き出せるチャンスがあるなら、その情報は値千金《あたいせんきん》であろう。

信じられるものは信じなさい。
ついて来れるものはついて来なさい。
地球外にある者こそ、地球神の存在を本当に知っているものだ。

二〇二一年　四月二十七日

幸福《こうふく》の科学《かがく》グループ創始者兼総裁《そうししゃけんそうさい》

大川隆法《おおかわりゅうほう》

『ＵＦＯリーディング　救世主を護る宇宙存在ヤイドロンとの対話』関連書籍

『信仰の法』（大川隆法 著　幸福の科学出版刊）
『Love for the Future』（同右）
『大川隆法 思想の源流――ハンナ・アレントと「自由の創設」――』（同右）
『ＵＦＯリーディングⅠ』（同右）
『ＵＦＯリーディングⅡ』（同右）
『「ＵＦＯリーディング」写真集』（同右）
『「ＵＦＯリーディング」写真集２』（同右）
『地球を見守る宇宙存在の眼――Ｒ・Ａ・ゴールのメッセージ――』（同右）
『習近平守護霊　ウイグル弾圧を語る』（同右）
『習近平思考の今』（同右）
『毛沢東の霊言』（同右）

『天照大神の「信仰継承」霊言』（同右）
『天御祖神の降臨』（同右）
『メタトロンの霊言』（同右）
『ジョン・レノンの霊言』（同右）
『大川隆法 ウガンダ 巡錫の軌跡』（大川隆法 監修　同右）

ＵＦＯリーディング
救世主《きゅうせいしゅ》を護《まも》る宇宙存在《うちゅうそんざい》ヤイドロンとの対話《たいわ》

2021年５月17日　初版第１刷

著　者　　大《おお》　川《かわ》　隆《りゅう》　法《ほう》

発行所　　幸福の科学出版株式会社

〒107-0052 東京都港区赤坂２丁目10番８号
TEL(03)5573-7700
https://www.irhpress.co.jp/

印刷・製本　株式会社 研文社

落丁・乱丁本はおとりかえいたします

ISBN978-4-8233-0266-4 C0030

大川隆法 霊言シリーズ・宇宙存在からのメッセージ

R・A・ゴール 地球の未来を拓く言葉

今、人類の智慧と胆力が試されている――。コロナ変異種拡大の真相や、米中覇権争いの行方など、メシア資格を有する宇宙存在が人類の未来を指し示す。

1,540円

地球を見守る宇宙存在の眼

R・A・ゴールのメッセージ

メシア資格を持ち、地球の未来計画にも密接にかかわっている宇宙存在が、コロナ危機や米大統領選の行方、米中対立など、今後の世界情勢の見通しを語る。

1,540円

メタトロンの霊言

危機にある地球人類への警告

中国と北朝鮮の崩壊、中東で起きる最終戦争、裏宇宙からの侵略――。キリストの魂と強いつながりを持つ最上級天使メタトロンが語る、衝撃の近未来。

1,540円

「UFOリーディング」写真集

「UFOリーディング」写真集2

"彼ら"はなぜ地球に来るのか？ そして、何を伝えたいのか？ 宇宙時代の到来を告げる最新UFO情報が満載の「UFOリーディング」写真集シリーズ。

各1,650円

大川隆法「法シリーズ」・最新刊

秘密の法

人生を変える新しい世界観

法シリーズ 27作目

あなたの常識を一新させ、世界がより美しく、喜びに満ちたものになるように――。降魔の方法や、神の神秘的な力、信仰の持つ奇跡のパワーを解き明かす。

第１章　宗教の秘密の世界
――この世とあの世の真実を解き明かす

第２章　霊障者の立ち直りについて
――ウィルス感染と憑依の秘密

第３章　ザ・リアル・エクソシストの条件
――悪魔祓いの霊的秘儀

第４章　降魔の本道
――世界を輝かせる法力とは

第５章　信仰からの創造
――人類の危機を乗り越える秘密

2,200円

幸福の科学の中心的な教え――「法シリーズ」

好評発売中！

幸福の科学出版

ヒューストン国際映画祭にて多数受賞！
ヒューストン国際映画祭2021
スペシャル・ジュリー・アワード
ヒューストン国際映画祭2021
ゴールド賞
ヒューストン国際映画祭2021
最優秀外国語映画賞
ヒューストン国際映画祭2021
ミュージックビデオ・ボーカリスト部門
ブロンズ賞
世界11ヵ国64冠受賞！
（4月29日時点）
一度だけ、泣いた女。
美しき誘惑
～現代の「画皮」～
製作総指揮・原作／大川隆法
長谷川奈央　市原綾真　芦川よしみ　モロ師岡　矢部美穂　中西良太　デビット伊東　千眼美子（特別出演）　杉本彩　永島敏行
監督／赤羽博 音楽／水澤有一 脚本／大川咲也加 製作／幸福の科学出版 製作協力／ニュースター・プロダクション ARI Production
制作プロダクション／ジャンゴフィルム 配給／日活 配給協力／東京テアトル ©2021 IRH Press
5月14日(金) ロードショー
utsukushiki-yuwaku.jp

正しき者よ、
戦え。
長編アニメーション映画
製作総指揮・原作 大川隆法
宇宙の法
エローヒム編
2021年秋 ROADSHOW

幸福の科学グループのご案内

宗教、教育、政治、出版などの活動を通じて、地球的ユートピアの実現を目指しています。

幸福の科学

一九八六年に立宗。信仰の対象は、地球系霊団の最高大霊、主エル・カンターレ。世界百六十カ国以上の国々に信者を持ち、全人類救済という尊い使命のもと、信者は、「愛」と「悟り」と「ユートピア建設」の教えの実践、伝道に励んでいます。

（二〇二一年四月現在）

愛

幸福の科学の「愛」とは、与える愛です。これは、仏教の慈悲《じひ》や布施《ふせ》の精神と同じことです。信者は、仏法真理をお伝えすることを通して、多くの方に幸福な人生を送っていただくための活動に励んでいます。

悟り

「悟り」とは、自らが仏の子であることを知るということです。教学《きょうがく》や精神統一によって心を磨き、智慧《ちえ》を得て悩みを解決すると共に、天使・菩薩《ぼさつ》の境地を目指し、より多くの人を救える力を身につけていきます。

ユートピア建設

私たち人間は、地上に理想世界を建設するという尊い使命を持って生まれてきています。社会の悪を押しとどめ、善を推し進めるために、信者はさまざまな活動に積極的に参加しています。

国内外の世界で貧困や災害、心の病で苦しんでいる人々に対しては、現地メンバーや支援団体と連携して、物心両面にわたり、あらゆる手段で手を差し伸べています。

年間約２万人の自殺者を減らすため、全国各地で街頭キャンペーンを展開しています。

公式サイト **www.withyou-hs.net**

自殺防止相談窓口

受付時間　火～土:10～18時（祝日を含む）

TEL **03-5573-7707** メール **withyou-hs@happy-science.org**

ヘレン・ケラーを理想として活動する、ハンディキャップを持つ方とボランティアの会です。視聴覚障害者、肢体不自由な方々に仏法真理を学んでいただくための、さまざまなサポートをしています。

公式サイト **www.helen-hs.net**

入会のご案内

幸福の科学では、大川隆法総裁が説く仏法真理《ぶっぽうしんり》をもとに、「どうすれば幸福になれるのか、また、他の人を幸福にできるのか」を学び、実践しています。

入会

仏法真理を学んでみたい方へ

大川隆法総裁の教えを信じ、学ぼうとする方なら、どなたでも入会できます。入会された方には、『入会版「正心法語《しょうしんほうご》」』が授与されます。

ネット入会 入会ご希望の方はネットからも入会できます。
happy-science.jp/joinus

三帰《さんき》誓願《せいがん》

信仰をさらに深めたい方へ

仏弟子としてさらに信仰を深めたい方は、仏《ぶっ》・法《ぽう》・僧《そう》の三宝《さんぽう》への帰依を誓う「三帰誓願式」を受けることができます。三帰誓願者には、『仏説・正心法語』『祈願文《きがんもん》①』『祈願文②』『エル・カンターレへの祈り』が授与されます。

幸福の科学 サービスセンター
TEL 03-5793-1727
（受付時間／火～金：10～20時　土・日祝：10～18時（月曜を除く））

幸福の科学 公式サイト
happy-science.jp

ハッピー・サイエンス・ユニバーシティ

Happy Science University

ハッピー・サイエンス・ユニバーシティとは

ハッピー・サイエンス・ユニバーシティ（HSU）は、大川隆法総裁が設立された「現代の松下村塾」であり、「日本発の本格私学」です。建学の精神として「幸福の探究と新文明の創造」を掲げ、チャレンジ精神にあふれ、新時代を切り拓く人材の輩出を目指します。

人間幸福学部　経営成功学部　未来産業学部

HSU長生キャンパス　TEL **0475-32-7770**
〒299-4325　千葉県長生郡長生村一松丙 4427-1

未来創造学部

HSU未来創造・東京キャンパス
TEL **03-3699-7707**
〒136-0076　東京都江東区南砂2-6-5　公式サイト **happy-science.university**

学校法人 幸福の科学学園

学校法人 幸福の科学学園は、幸福の科学の教育理念のもとにつくられた教育機関です。人間にとって最も大切な宗教教育の導入を通じて精神性を高めながら、ユートピア建設に貢献する人材輩出を目指しています。

幸福の科学学園

中学校・高等学校（那須本校）
2010年4月開校・栃木県那須郡（男女共学・全寮制）
TEL **0287-75-7777**　公式サイト **happy-science.ac.jp**

関西中学校・高等学校（関西校）
2013年4月開校・滋賀県大津市（男女共学・寮及び通学）
TEL **077-573-7774**　公式サイト **kansai.happy-science.ac.jp**

仏法真理塾「サクセスNo.1」

全国に本校・拠点・支部校を展開する、幸福の科学による信仰教育の機関です。小学生・中学生・高校生を対象に、信仰教育・徳育にウエイトを置きつつ、将来、社会人として活躍するための学力養成にも力を注いでいます。

TEL 03-5750-0751（東京本校）

エンゼルプランV

東京本校を中心に、全国に支部教室を展開しています。信仰に基づいて、幼児の心を豊かに育む情操教育を行っています。また、知育や創造活動を通して、子どもの個性を大切に伸ばし、天使に育てる幼児教室です。

TEL 03-5750-0757（東京本校）

不登校児支援スクール「ネバー・マインド」

TEL 03-5750-1741

心の面からのアプローチを重視して、不登校の子供たちを支援しています。

ユー・アー・エンゼル!（あなたは天使!）運動

障害児の不安や悩みに取り組み、ご両親を励まし、勇気づける、障害児支援のボランティア運動を展開しています。

一般社団法人 ユー・アー・エンゼ

TEL 03-6426-7797

NPO活動支援

いじめから子供を守ろうネットワーク

学校からのいじめ追放を目指し、さまざまな社会提言をしています。また、各地でのシンポジウムや学校への啓発ポスター掲示等に取り組む一般財団法人「いじめから子供を守ろうネットワーク」を支援しています。

公式サイト mamoro.org　ブログ blog.mamoro.org

相談窓口 TEL.03-5544-8989

百歳まで生きる会

「百歳まで生きる会」は、生涯現役人生を掲げ、友達づくり、生きがいづくりをめざしている幸福の科学のシニア信者の集まりです。

シニア・プラン21

生涯反省で人生を再生・新生し、希望に満ちた生涯現役人生を生きる仏法真理道場です。定期的に開催される研修には、年齢を問わず、多くの方が参加しています。

全世界212カ所（国内197カ所、海外15カ所）で開校中。

【東京校】 TEL 03-6384-0778　FAX 03-6384-0779

メール senior-plan@kofuku-no-kagaku.or.jp

幸福実現党

内憂外患《ないゆうがいかん》の国難に立ち向かうべく、2009年5月に幸福実現党を立党しました。創立者である大川隆法党総裁の精神的指導のもと、宗教だけでは解決できない問題に取り組み、幸福を具体化するための力になっています。

党の機関紙
「幸福実現党NEWS」

幸福実現党 釈量子サイト **shaku-ryoko.net**
Twitter **釈量子@shakuryoko**で検索

幸福実現党 党員募集中

あなたも幸福を実現する政治に参画しませんか。

- ◯幸福実現党の理念と綱領、政策に賛同する18歳以上の方なら、どなたでも参加いただけます。
- ◯党費:正党員（年額5千円［学生 年額2千円］)、特別党員（年額10万円以上)、家族党員（年額2千円）
- ◯党員資格は党費を入金された日から1年間です。
- ◯正党員、特別党員の皆様には機関紙「幸福実現党NEWS(党員版)」(不定期発行）が送付されます。

＊申込書は、下記、幸福実現党公式サイトでダウンロードできます。
住所:〒107-0052　東京都港区赤坂2-10-8 6階 幸福実現党本部
TEL **03-6441-0754**　FAX **03-6441-0764**
公式サイト **hr-party.jp**

出版 メディア 芸能文化 幸福の科学グループ

幸福の科学出版

大川隆法総裁の仏法真理の書を中心に、ビジネス、自己啓発、小説など、さまざまなジャンルの書籍・雑誌を出版しています。他にも、映画事業、文学・学術発展のための振興事業、テレビ・ラジオ番組の提供など、幸福の科学文化を広げる事業を行っています。

アー・ユー・ハッピー?
are-you-happy.com

ザ・リバティ
the-liberty.com

幸福の科学出版
TEL **03-5573-7700**
公式サイト **irhpress.co.jp**

ザ・ファクト
マスコミが報道しない「事実」を世界に伝えるネット・オピニオン番組

ザ・ファクト 検索

ニュースター・プロダクション

「新時代の美」を創造する芸能プロダクションです。多くの方々に良き感化を与えられるような魅力あふれるタレントを世に送り出すべく、日々、活動しています。 公式サイト **newstarpro.co.jp**

ARI《アリ》 Production《プロダクション》

タレント一人ひとりの個性や魅力を引き出し、「新時代を創造するエンターテインメント」をコンセプトに、世の中に精神的価値のある作品を提供していく芸能プロダクションです。 公式サイト **aripro.co.jp**

大川隆法　講演会のご案内

大川隆法総裁の講演会が全国各地で開催されています。講演のなかでは、毎回、「世界教師」としての立場から、幸福な人生を生きるための心の教えをはじめ、世界各地で起きている宗教対立、紛争、国際政治や経済といった時事問題に対する指針など、日本と世界がさらなる繁栄の未来を実現するための道筋が示されています。

0 年 12 月8日 さいたまスーパーアリーナ
/ith Savior"（ウィズ・セイビア）―救世主と共に―」

2019年10月6日 ザ ウェスティン ハーバーキャッスル トロント（カナダ）
「The Reason We Are Here」

2019 年 12 月 17 日 さいたまスーパーアリーナ
「新しき繁栄の時代へ」

2019年3月3日 グランド ハイアット 台北（台湾）
「愛は憎しみを超えて」

2019年7月5日 福岡国際センター
「人生に自信を持て」

講演会には、どなたでもご参加いただけます。
最新の講演会の開催情報はこちらへ。 ⟹ 大川隆法総裁公式サイト https://ryuho-okawa.org